인생이 달라지는

新생존법

이기는 전략을 세워줄 초돌파력 인생설계도

인생이 달라지는 新생존법

초판 1쇄 인쇄 2021년 2월 10일
초판 1쇄 발행 2021년 2월 15일

지은이 이광민

발행인 백유미 조영석
발행처 (주)라온아시아
주소 서울특별시 서초구 효령로 34길 4, 프린스효령빌딩 5F

등록 2016년 7월 5일 제 2016-000141호
전화 070-7600-8230 **팩스** 070-4754-2473

값 14,000원
ISBN 979-11-91283-15-0 (03190)

※ 라온북은 (주)라온아시아의 퍼스널 브랜드입니다.

※ 잘못된 책은 구입하신 서점에서 바꾸어 드립니다.

이기는 전략을 세워줄 초돌파력 인생설계도

인생이 달라지는
新신생존법

이광민 지음

RAON BOOK

프롤로그

지금 당장, 변화해야 하는 당신을 위해

가족이 모두 잠든 새벽 1시, 가죽이 다 벗겨진 축구공을 안고 이불 속에서 구슬프게 울고 있는 작은 꼬마. 그 꼬마는 어렸을 적부터 꿈이 많은 아이였다.

8평. 태어나서 초등학교를 졸업하기 전까지 그 꼬마가 13년 동안 살던 집의 평수다. 방 하나, 화장실, 부엌이 있는 조그만 집에서 자란 그 꼬마는 어렸을 적부터 축구를 좋아했다. 축구공 살 돈이 없어 실로 꿰맨 버려진 공으로 축구를 해도 마냥 행복했던 그 꼬마는 축구선수를 꿈꿨다. 꽤 좋은 실력을 갖고 있었지만 축구를 전문적으로 배우기 위해서는 축구부에 들어가야 했고 입단비를 비롯한 각종 비용이 그 꼬마의 꿈을 가로막고 있었다.

축구부 입단 신청 마감 날, 꼬마는 입단 신청조차 하지 못한 서러움에 아무도 들리지 않게 이불 속에서 서글프게 울었다.

그 꼬마가 지금 이렇게 글을 쓰고 있다. 부모님에게 말 한번 꺼내보지 못하고 스스로 꿈을 포기하고 서글프게 울던 그때의 기억이 지금도 선하다. 일반 가정의 아이였다면 떼를 써서라도 축구부에 입단하려 했겠지만 떼를 써도 변하지 않을 거라는 것을 알고 있었다.

조금은 철이 일찍 든 나는 남들보다 민첩하게 주변 상황을 살펴보고 당면한 문제나 위기를 돌파하기 위한 최선책이 무엇인지 빠르게 파악하는 아이로 성장했다. 청년이 되어서는 인생을 살아가는 방식에 대한 확신이 더욱 강해졌다. 이루고자 하는 것에 대한 흐트러짐 없는 집중력을 발휘할 수 있는 초(超)돌파력이 나의 강력한 무기임을 알게 됐고 이를 실행해가면서 성과가 생기기 시작했다.

이루고자 하는 것, 즉 목표가 생기면 즉각 실행할 수 있는 추진력과 시간 낭비를 줄이는 효율성이 겸비되기 시작한 것이다.

학창 시절과 다르게 성인이 되면 어느 누가 나의 인생을 가르쳐주지도, 이끌어주지도 않는다. 성인이 된 20대 청년들은 스스로 만들어놓은 생각의 틀에서 벗어나지 못하고 "명문대를 나와야만 대기업에 취직할 수 있어", "지방대 출신은 서울의 대학생들과 경쟁이 되질 않아", "청년 창업? 어떻게 내가 그걸 해" 등의 핑계를 대며 헤쳐나가야 할 문제를 돌파하지 못하고 있다. 아니, 정확히 말하면 돌파할 생각조차 하지 못하는 것이다.

힘겹게 직장에 취직한 청년들도 비슷하다. "임원 승진은 정해져 있어", "내가 성과를 낸다고 회사가 뭐 달라지나?" 등과 같은 생각을 하며 의미 없는 회사 생활을 하고, 목표 의식도 없이 기계와 같은 삶을 살아가고 있다. 나는 2030 세대들이 앞으로의 인생을 살아갈 방식과 방향성을 확립해야 하는 과제를 안고 있다고 생각한다. 그 기초공사를 튼튼하게 하기 위해서는 당면한 한계를 극복하고 이루고자 하는 목표를 달성해나가며 흔들림 없이 전진해야 한다.

혹시 넘지 못하는 한계에 굴복해서 무언가를 포기하거나 시도조차 못 했던 경험이 있는가? 그럼 주목하기 바란다. 이 책은 초돌파력의 핵심인 문제해결 능력을 갖추기 위한 상세한 목표 세우기와 노하우를 소개하고 내가 진정으로 원하는 것이 무엇인지 파악해 실천과 더불어 달성할 수 있게끔 해결책을 제시한다.

고성장, 고실업의 불확실성 시대에 살고 있는 2030 세대의 생애설계 주기로 살펴봤을 때 현재 가장 필요한 것은 초돌파력이며, 이 역량이 극대화될 수 있는 시기이기도 하다.

수십, 수백 년간 전 세계 시장에서 세계를 이끌던 리더 기업들이 몰락하고 비즈니스 경계가 사라지고 있으며, 4차 산업혁명이 시작되면서 세상이 급격히 변화하고 있다. 초돌파력으로 변해가는 시대와 환경에 민첩하게 대응하지 못한다면 취업도, 창업도, 승진도 어려울 것이다.

이 책은 자신을 이기는 방법을 제안하고 자신이 집중해야 할 목표나 바람의 방향성을 제시할 것이다. 또한 지금부터 이야기할 초돌파력 인생설계도는 내가 몸소 느끼고 경험했던 내용을 바탕으로 과장되지 않게 작성했으며 독자들이 책을 통해 변화를 거듭하면서 완성되어가는 자신을 발견할 수 있도록 이해하기 쉽게 표현하려고 노력했다. 독자들에게 누구나 충분히 자신의 한계를 극복할 수 있고, 변화할 수 있다는 나의 메시지가 잘 전달되길 바란다.

자, 초돌파력에 대해 조금은 관심이 생겼는가? 이제 변화를 기다리는 여러분들에게 질문 하나 던지고 시작하겠다.

"당신은 오늘을, 다가올 미래를 어떻게 돌파하고 있는가?"

이광민

차 례

2장 _ 확고한 목표가 나를 움직이게 한다

3장 _ 나의 최대치를 끌어내라

4장 _미래를 대비한 전략을 세워라

1장

이제는 초돌파력이 핵심이다

일자리의 판이 변하기 시작했다

그 많던 욜로족은 다 어디로?

2010년대만 하더라도 욜로(You Only Live Once, 한 번뿐인 인생)가 유행이었다. 그래서 청년 세대는 내일 걱정보다는 현재, 이 시간을 충실히 살고 즐기는 일에 중점을 두어 나를 위한 소확행이나 나를 위한 소비 등을 찾는 라이프스타일을 꾸려나갔다.

그러나 저성장시대와 고용불안 거기에 코로나19로 인한 경기 침체가 장기화되고 불확실성이 확대되면서 마치 '오늘만 살자'던 욜로 청년들이 달라지고 있다. 미래에 대한 불안감이 증대된 청년들의 삶의 방식이 달라지고 있는 것이다.

유엔무역개발회의(UNCTAD)는 2020년 9월 보고서를 통해 "코로나19 발생 후 생긴 소득 격차 확대로 전 세계가 질병과 사망에 시달리며 엄청난 고통에 직면했다"며 일자리 감소로 개발도상국 인구 중 9천만~1억 2천만 명이 절대빈곤에 내몰릴 것이라고 경고했다.

현재 코로나19 팬데믹은 우리 사회의 라이프스타일과 일자리에 대변혁을 일으키고 있다. 사람과 사람이 만나는 대면은 어느덧 기억 속에서 희미해져 가고 새로운 접촉 방식인 언택트(Untact)가 일상에 자리 잡고 있다. 스마트폰, 노트북 등의 스마트 디바이스를 활용해서 원격으로 진행되는 온라인 비즈니스가 일하는 방식을 바꾸고 있고, 포스트 코로나 시대에 맞춰 뉴노멀(New Normal : 시대 변화에 따라 새롭게 떠오르는 표준)이 우리의 눈앞으로 다가왔다.

미래는 준비된 자에게만 기회를 열어준다

미래에는 어떤 사람에게 기회가 올까? 4차 산업혁명으로 산업 지형이 바뀌어 일자리가 사라지는 지금, 살아남으려면 우리는 어떤 준비를 해야 할까? 전문가들은 코로나19가 미래 시계를 5년 앞당겼다고 한다. 천천히 다가올 미래를 코로나가 가속화시켰다는 것이다. 이는 한 개인에만 국한된 문제는 아닐 것이다. 혁신과 변화에 발 빠르게 대응하는 기업만이 미래 세상에서 살아남을 것이다.

기회는 언제나 준비된 자의 몫이었다. 아무리 인공지능(AI)과 사물인터넷, 로봇 등이 다가올 미래의 대세라 하더라도, 인간이 그 세상을 주도한다는 데에는 의심의 여지가 없다. 직업의 역할은 바뀔지언정 직업의 본질은 변하지 않을 것이다. 나는 뉴노멀 시대를 헤쳐 나갈 강력한 도구는 '초돌파력'이 될 것이라고 확신한다. 모든 것들이 데이터를 중심으로 움직이고 창의성을 요구하는 업무가 늘어나는 시대에서 범주와 분야를 넘나드는 초돌파력은 우리가 시대의 흐름과 속도에 적응할 수 있는 강력한 무기가 되어줄 것이라 믿기 때문이다.

N잡러 시대의 내비게이션

요즘은 한 직장만으로는 살기 어려운 시대다. N개의 직업을 가진 'N잡러'의 시대가 왔다. 일자리의 판도가 바뀐 것만큼이나 직장과 직업의 개념도 바뀌었다. 다양한 취미와 일을 병행해 생계를 유지하면서 자아를 실현하는 사람들도 많아졌다. 더군다나 고용시장의 판도도 달라져 취직만 하면 되었던 시대도 옛말이 되었다. 탄력 근무제, 다양한 변종의 고용 형태는 이제 우리 청년 세대와 함께 새로운 장을 열게 될 것이다.

이어지는 장들에서 나는 청와대에 대통령 비서실에 도전해

합격하고 전국 대학생 마케팅 배틀에서 나만의 방법으로 고객을 유치하고 대기업 영업 관리직에서 압도적인 성과를 낸 경험 등 초돌파력으로 문제를 해결했던 다양한 경험과 일화를 소개하고자 한다. 내가 경험한 모든 일의 밑바탕에는 특별한 노하우가 있지 않았다. 그저 묵묵히 소처럼 끈기 있게 그때그때 상황들을 돌파했을 뿐이다.

오래 일하고 많이 받는 시대는 지났다

나는 일 잘하는 사람일까?

직장에서는 타 부서로부터 발령 난 직원에 대해 외모, 스펙, 성격보단 "그 친구 일 잘해?"라는 질문으로 첫 이미지를 정하기도 한다. 중소기업을 비롯해 대기업, 공기업까지 일 잘하는 사람을 원하고 그 인재를 채용하기 위해 안간힘을 쓰고 있다. 일을 잘한다는 것은 어떤 의미일까?

소처럼 쉬지 않고 일만 하는 직원? 상사의 말을 무조건 듣는 직원? 팀 분위기를 잘 맞추는 직원? 당연히 중요하다. 하지만 이건 몇 년, 몇십 년 전의 이야기다.

'일을 잘한다'라는 본질적인 의미는 주어진 목표를 달성하기 위해 중요한 일에 집중하며 실수 없이 빠르게 일을 끝내는 효율적인 사람을 보고 일컫는 말이다. 그들은 불필요한 일보다는 중요한 일에 시간과 에너지를 쏟아 업무 속도와 생산성을 높인다. 주위를 둘러보면 요즘은 일 잘하는 사람이 노는 것도 잘하고 삶의 여유가 있으며 긍정의 영향력을 전파한다. 왜 그럴까?

잘 노는 사람이 일도 잘한다

일 잘하는 사람의 핵심은 시간 관리다. 그들은 시간을 금처럼 생각하며 숫자로 모든 일정과 업무를 정리한다. 주어진 시간에 해당 업무를 마무리하고 불필요한 것에 자신을 낭비하지 않으려고 최대한 노력한다. 그렇게 하다 보니 기한 준수는 물론 다른 중요한 일을 할 수 있는 시간을 확보하게 된다.

출근해서 정시 퇴근까지 담당 직무의 업무를 모두 처리하니 퇴근해서는 자신만의 시간을 온전히 가질 수 있는 것이다. 운동을 하거나 영화를 보거나 그림을 그리는 것과 같은 취미 생활에 매진하고 이러한 활동은 스트레스 해소와 정신 건강을 이롭게 한다. 이러한 일과 삶의 밸런스는 창의적인 생각을 할 수 있는 여유를 불러오고 긍정의 에너지를 만들어준다.

반대로 일을 못하는 사람은 어떠한가? 출근해서 정시 퇴근까지 낮은 업무 생산성으로 기한을 지키지 못하면서 자연스럽게 야근으로 이어진다. 이러한 업무 연장은 퇴근 후 집으로 돌아와서까지 업무 스트레스를 받게 한다.

삶과 일의 밸런스가 깨지면서 스트레스는 점점 쌓이고 부정적인 생각으로 삶은 피폐해진다. 이러한 악순환이 지속되면 삶과 직장 모두 여유가 없어지고 행복한 감정을 느끼는 빈도가 적어진다.

삶의 질을 높이기 위해

지금보다 더 행복을 느낄 여유를 갖고 싶다면 일의 효율성을 점검해봐야 한다. 앞으로 우리에게 시간은 더 귀해질 것이다. 세상엔 재밌는 것들이 많다. 일만 하면서 삶을 보내기엔 너무 아깝다. 일의 효율성을 높여 회사에서 인정받고 연봉까지 올라가 유럽, 동남아 등 세계 여행도 가고 유명한 호텔에서 조식을 먹으면서 여유를 가져봐야 하지 않겠는가.

업무 시간에 딱 집중해서 모든 일을 끝내고 퇴근 후에는 부동산, 투자 등 재테크를 통해 부의 재생산에도 시간을 투자해보고 가족, 친구, 지인들과 맥주 한잔의 즐거운 여유도 필요할 테니 말이다. 나는 하고 싶은 것들이 정말 많다. 하지만 하고 싶은 것들을 모두 하기 위해서는 시간이 있어야 한다.

그래서 나는 일의 효율성을 최대한 높여 불필요한 낭비를 줄이고 전략을 짜서 바로 실행으로 옮기는 것에 익숙하다. 퇴근 후에 운동도 해야 하고 영화도 봐야 하고 친구들과 즐거운 시간도 보내야 하니깐 말이다.

효율성 → 정확하고 빠른 일 처리 → 납기 준수 → 성과 창출 → 인정 및 신뢰

이 5단계는 직장 생활뿐만 아니라 창업과 학교생활에도 그대로 적용된다. 기업도 마찬가지다. 글로벌 기업들은 최소한의 비용으로 최대한의 사업 효율을 창출하고 절약한 비용으로 다른 먹거리에 투자하거나 인수합병을 시도하기도 한다.

이런 선순환의 구조는 규모의 성장으로 이어지기도 하고 내실을 굳건히 다지는 계기가 되기도 한다. 효율성 재고를 통한 비용, 시간의 불필요한 낭비를 제거했기 때문에 가능한 것이다.

이거 하나 바꿨을 뿐인데

지인 중에 효율성과 비용 혁신을 통해 본질에 집중해 성공을 이룬 사례가 있다. 그분은 공단 근처에서 해장국 집을 운영했는데 점심시간에는 손님이 한꺼번에 몰리지만 이후에는 손님이 뚝 끊겨 보조 근무자를 구하기에 어려움이 있었다.

1~2시간 파트타임을 구하기 힘들었고 계산과 반찬 리필, 테이블 청소까지 할 최소 3명의 근무자를 상시 채용했다. 자주 바뀌는 근무자로 인한 면접, 채용 시간, 인건비 등 고정비용 지출로 적자를 면치 못했다.

하지만 지인을 통해 운영 코칭을 받고 효율성을 개선해 큰 변화를 가져왔다. 가게에 키오스크를 설치해 셀프 주문을 할 수 있게 했고 휴게소와 같은 프로세스로 음식이 나오면 손님이 가져가고 다 먹은 음식은 퇴식구에 가져다 놓게끔 했다.

이렇게 아낀 인건비로 탄산음료 기계를 설치해 셀프로 무료 제공하고 음식 가격에서 500원을 할인했다. 그리고 인건비에 들던 비용을 신선한 재료에 더 투자했더니 음식의 맛과 질은 더 좋아져 점심시간 이외에도 손님들로 북적북적하게 됐다.

이 사례를 통해 말하고자 하는 것은 효율성 재고를 통해 여유자본이 생기고 불필요한 요소가 제거되면서 본질에 집중할 수 있게 된 계기를 만들었다는 것이다. 효율성의 차이가 한 가게의 운명을 변화시킨 것이다.

자, 우리도 변해보자고요!

우리는 지금도 "시간이 진짜 없어"라는 소리를 입에 달고 살아가지만 앞으로는 시간이 더 없을 것이다. 하지만 어떤 사람이

10시간을 투자해 얻은 결과물을 우리는 2시간, 아니 20분 만에 얻을 수도 있다. 물론 효율성의 재고를 통해 가능한 일이다. 남은 9시간 40분을 우리가 하고 싶은 것을 하며 스트레스 없이 살고 싶지 않은가?

나는 목표 달성의 효율성을 높이기 위해 성공한 사람들을 벤치마킹해보기도 하고 아침 1시간의 효율성을 잘 활용하여 허리 디스크를 극복하기도 했다. 이렇게 글을 쓰고 있는 일도 삶의 효율성을 높이기 위한 한 단계일지도 모른다.

또한 인생을 살아가면서 주변 사람들에게 도움이 되는 삶을 항상 꿈꿔왔고, 지금 그 과정을 밟고 있다고 스스로 생각한다. 이 책에 쓴 내 이야기를 통해 독자들이 조금이라도 자신이 살아가는 방식에 대해 돌아보고 변화될 수 있는 계기가 되길 기대해 본다.

대기업 연봉 5천만 원, 유튜버 월 수익도 5천만 원

콘텐츠가 돈이 되는 시대

"나중에 커서 어떤 직업을 갖고 싶니?"라는 질문에 요즘 초등학생들은 "크리에이터가 되고 싶어요!"라고 대답하는 경우가 많다. 2019년 교육부와 한국직업능력개발원에서 전국 1,200개 초중고 학생과 학부모, 교원을 대상으로 진로 교육 현황을 조사했더니 초등학생 희망 직업 1위는 운동선수, 2위는 교사, 3위는 바로 크리에이터(Creator : 유튜버, BJ, 스트리머 등)였다.

크리에이터는 유튜브에서 일반적으로 동영상을 생산하고 업로드하는 창작자를 말한다. 초등학생들은 왜 크리에이터가 되고 싶을까? 초등학생들이 유튜버를 꿈꾸는 이유는 다양하다. 일단 공부를 열심히 안 해도 돈을 벌 수 있어서다. 그 외에도 하고 싶은 거 하면서 살 수 있어서, 매일매일 재밌는 일만 하고 사는 것 같아서 등이다.

당신은 무엇을 목표로 하는가?

초등학생과 달리 청년들이나 어른들이 보는 유튜브 세상은 조금 다르다. 얼어붙은 취업시장, 고용불안과 함께 평생직장이라는 개념이 모호해지고 현대사회를 살아가는 직장인의 생명줄은 위태위태한 수준을 넘어 파리 목숨보다도 가벼워졌다.

이제 회사에 들어온 지 5년 된 대리에게 희망퇴직을 권유하며, 진급의 기준이 까다로워지고 회사의 근속연수는 급격히 줄어들고 있다. 또한 피라미드 구조에서 경쟁하기 위해서는 실적관리는 기본이며, 사회생활의 일명 줄타기와 같은 것들을 감수해야 한다.

밤잠을 줄이고, 밥 먹는 시간도 아껴 피나는 노력을 통해 수능에서 좋은 점수를 받아 명문대에 입학하고 대기업에 들어가기 위해 어학연수, 유학, 대외 활동, 자격증, 학점, 인턴 등의 험난한 과정을 거쳐 드디어 입사에 성공해도 초봉이 5천만 원을 넘는 경우는 많지 않다. 계열사마다 다르겠지만 그래도 5천만 원 초봉은 드문 액수다. 5천만원은 월 수익으로 따졌을 때 3백만 원

안팎일 것이다.

하지만 크리에이터는 다르다. 개인의 스케줄에 맞게 시간을 투자할 수 있으며 수요가 있는 콘텐츠를 발견한다면 직접 콘텐츠를 제작해 영상, 즉 서비스 공급자의 역할을 할 수 있다. 콘텐츠로 수입을 창출할 수 있는 시대가 열린 것이다. 2018년 한국노동연구원 '미래 직업 프리랜서' 보고서에 따르면 영상 활동을 주업으로 삼고 있는 크리에이터들의 월평균 소득은 536만 원이다. 이를 연봉으로 환산하게 되면 6,432만 원이다.

이제 대기업은 옛날 말이다

불과 몇 년 전만 해도 대기업에 취직하면 부모님께서 플래카드를 걸거나 온 동네에 합격의 기쁨을 알리곤 했었다. 그러나 최근 3~5년 사이에 유명한 크리에이터의 월 수익이 대기업 연봉을 뛰어넘어 그 이상의 수익을 창출하고 있다. 단순히 수익적인 측면뿐만 아니라 전 세계인의 관심을 한 몸에 받기도 한다.

아울러 기업에서는 신상품이 출시되면 비싼 비용을 들여서라도 인지도가 높은 배우를 섭외해 TV 광고를 통해 마케팅을 시도했었지만 지금은 영상을 보는 관점이 안방극장에서 손안의 극장으로 365도 달라졌다. 효과적인 측면에서 본다면 유튜브 광고 등을 활용하면 저비용으로도 광고의 효율을 최대로 올릴 수 있을 것이다. 그렇다면 이렇게 광고, 소비자의 트렌드가 급변하고 있는데 기존 방식을 유지하는 광고 대행업체들은 어떻게 될 것인가?

결국 트렌드에 따라가지 못하고 예전 방식을 고수하다가는 광고주들이 등 돌리는 모습을 보게 될 것이다. 현대 트렌드를 이끌어가는 MZ세대(밀레니얼과 Z세대)가 부상하면서 광고도 이에 맞춰 변화되어가야 한다. 그래야 5초 만에 스킵(건너뛰기) 버튼을 누르는 빈도를 낮출 수 있다. 이젠 소비자들의 성향, 소비 트렌드가 언제 어떻게 변화될지 모른다. 이에 맞춰 기업의 행동 반경이나 사업부의 변화도 급격하게 일어날 것이다. 우리가 살고 있는 사회가 1초를 앞다퉈 변하고 있는 것이다.

이제는 경제적 트렌드! 셀럽의 시대

앞으로 우리는 무엇에 주목해야 할까? 코로나19 팬데믹, 글로벌 불확실성의 확대 등으로 불안감이 지속되고 있지만 현재를 넘어 미래를 향한 당찬 발걸음에 속도를 더해야 한다. 어려운 환경과 제약 속에서도 자기 계발을 위해 과감한 투자를 아끼지 않고, 차별화된 경쟁력을 갖기 위한 흔들림 없는 목표를 가슴속에 새겨야 한다.

앞으로 변화될 사회, 경제적 트렌드에 적응하지 못하고 아무 생각 없이 살게 된다면 희망퇴직이 쓰여 있는 종이를 10년 안에 받게 될 것이다. 단순히 직업적인 문제가 아닌 생계로 이어질 수 있는 큰 문제다. 지금까지의 삶은 잊어버려도 좋다. 지금 당신이 하는 일에 최선을 다하면서 자신만의 이기는 방법을 터득하고 이를 미래에 어떻게 활용할 것인지 그림을 그려보자.

큰 그림을 그렸다면 미래 경쟁력 확보를 위해 과감하게 투자하고 돌파해보자. 앞으로의 미래는 내가 어디에 소속되어 있는지는 전혀 중요하지 않다. 개인의 가치가 얼마인지, 영향력이 얼마나 되는지가 중요하다.

여기서 영향력이란 셀럽, 인플루언서처럼 각자의 위치에서 대중들에게 광범위하게 영향을 미쳐 소비, 일상에 관여하게 되는 것을 의미한다. 셀럽이 사용하는 상품은 며칠 만에 품절이 되기도 하고, 셀럽이 던진 한마디 조언은 많은 사람에게 위로와 힘도 될 수 있다. 이렇듯 앞으로 미래에는 개인의 영향력이 더욱 광대해질 것이다. 즉 나만의 가치를 높여야 살아남을 수 있다.

나만의 빅 피처(Big Picture)가 필요하다

당신이 취업을 준비하는 취준생이든 예비 창업자든 회사에 다니는 직장인이든 앞으로는 자신만의 이기는 방법이 담겨 있는 미래 전략, 즉 빅 피처가 반드시 필요하다. 현재 자신이 해야 할 일, 해내야 하는 일에 최선을 다하면서 미래를 돌파하기 위한 시간을 반드시 마련해야 한다. 자신의 본업에서 미래를 위한 전략 준비와 함께 제3의 노력이 필요하다.

기회는 준비된 자에게 오게 된다. 미래에 함께 올라탈 준비가 되었는가? 혹시 아직도 올라타기 위해 신발 끈만 계속해서 묶고 있지는 않은가? 지금 당장 일어나서 미래에 올라탈 준비를 하자. 더 행복한 미래, 더 즐거운 미래를 위해서.

4차 산업 시대에 필요한 새로운 돌파구

4차 산업 시대의 도래, 앞으로 우리의 미래는?

앞으로 도래할 4차 산업 시대는 인공지능 기술을 중심으로 하는 파괴적인 기술의 등장으로 상품이나 서비스의 생산, 유통, 소비의 전 과정이 서로 연결되고 지능화되면서 업무의 생산성이 비약적으로 향상되고 삶의 편리성이 극대화되는 사회, 경제적인 현상을 말한다. 4차 산업 시대의 주요 핵심 동력은 인공지능, 사물인터넷, 빅데이터, 로봇, 3D 프린팅 등으로 요약된다.

4차 산업 시대가 도래하면서 현재는 새로운 시스템과 신기술이 인간의 업무를 보조하는 역할을 하고 있지만 머지않아 인간의 일자리는 점점 사라지게 될 것이다. 주위를 둘러봐도 놀라운 변화들이 우리의 삶을 바꿔놓고 있다.

얼마 전 콩나물국밥을 먹으러 식당에 갔는데 직원은 없고 키오스크가 있었다. 키오스크로 주문을 하고 10분이 지나니 서빙로봇이 주문한 음식을 가지고 왔다. 놀라웠다. 추가 반찬도 셀프코너를 통해 이용하면 됐다. 얼마 전까지 "사장님~ 저기요~ 주문할게요" 등 목소리로 가득했던 식당들이 직원 대신 로봇과 기계를 사용하기 시작한 것이다.

이렇게 시급 1만 원의 시대가 다가오면서 인건비를 줄이기 위한 AI, 셀프 주문 등이 생활화되고 있다. 식당에서만 봐도 사람이 설 자리를 잃고 있듯이 앞으로 단순한 일은 기계가 대체하게 될 것이다. 개인의 경쟁력을 키워야 할 이유가 분명해진 것이다.

인간만이 할 수 있는 것이 새로운 돌파구가 된다

하지만 창의성, 공감 능력, 협의, 예술성, 인간만의 경험에서 나오는 지식 등 여전히 인간만이 할 수 있는 분야가 분명히 존재한다. 개인의 경험을 최대한 활용하고 오직 자신만의 경쟁력으로 일을 해결하는 능력이 필요하다.

특히 코로나19로 인해 비대면 서비스가 확대되고 있으며 이로 인한 무인화와 스마트기기의 확산으로 노동의 유연성이 확대되고 있다. 단체생활보다 개인이 중요시되어 1인가구가 급격히 증가할 것이며 비대면 방식의 생활문화가 자리 잡게 될 것이다. 이러한 4차 산업 시대의 흐름을 읽고 무엇을 어떻게 준비하고 살아갈 것인지 끊임없이 질문을 던져야 한다.

이 시대를 살아가는 '나'라는 존재에 대해 확실히 파악하고 내가 잘할 수 있는 것, 나만의 경쟁력을 갖고 있어야 한다. 나의 영역을 넓혀가면서 신기술을 습득하고 기존 방식과 융합시킬 수 있는 전문성을 갖춰야 한다. 변화의 흐름을 파악하며 자신에게 도움이 될 수 있는 지식들을 신속하게 습득하고 이를 적용할 수 있는 다양한 분야에 관심을 가져야 한다.

특히 미래 트렌드에 적합한 아이템을 발굴하기 위해 노력해야 한다. 현재는 전 세계 사람들이 유튜브 서비스를 사용하고 이에 열광하고 있지만 이를 뛰어넘는 새로운 플랫폼이 분명 등장할 것이다. 기존의 방식과 다르면 처음에는 다소 생소할 수 있지만 살아남기 위해서는 변화되는 트렌드에 적응하고 대응하면서 새로운 돌파구를 찾기 위해 고민해야 한다.

예를 들어 불필요한 인건비, 고정비가 들어가고 있어 어려움을 겪고 있는 자영업자들을 위한 일대일 코칭 프로그램을 만들어 제공하는 것이다. 점포에서 누수되는 낭비를 제거하고 트렌드에 적합한 인테리어를 추천하고 메뉴를 개발하는 등 코칭을 하는 것이다. 최적의 동선을 위한 점포 설계, 인건비 절감과 비용 혁신을 위한 기기 도입 등 기계가 할 수 없는, 인간만이 할 수 있는 차별화된 돌파구를 제공하는 것이다. 아니면 비대면 트렌드가 확대돼 유튜브나 화상의 활용이 새로워지고 다양해지면서 이를 사용하기 어려운 사람들을 대상으로 맞춤형 프로그램을 제공하는 것이다. 이것이 기존의 방식과 신기술을 융합해 새로운 전문성을 갖춰 경쟁력 있는 아이템을 발굴하게 되는 사례다.

끊임없이 변화하고 있는 생존의 법칙

주변 상황을 둘러보면 모든 것이 변했다는 걸 알 수 있다. 가족들과 외식을 하던 문화에서 배달이나 온라인 주문, 밀 키트(Meal Kit : 손질된 식재료와 알맞은 양념, 조리법으로 구성된 제품), 새벽 배송과 같은 물류업이 활성화되고 있다. 또한 자율주행, 드론 등으로 배달의 민족과 같은 운송 분야 업계에도 새로운 혁신의 바람이 불고 있다. 미용, 뷰티, 의료 등 웬만한 매장과 공공시설들은 예약제로 바뀌고 있으며, 키오스크의 도입률도 점점 높아지고 있다. 웨어러블 기기나 스마트기기를 활용한 일상의 모습들도 점점 다양해지고 있다. TV 대신 태블릿을 활용한 넷플릭스 시청도, 유튜브를 활용한 취미 생활도 늘어나고 있다.

여기서 주목할 점은 신기술이 계속해서 도입되고 새로운 소프트웨어가 등장하면서 이를 활용할 수 있는 정보통신기술이 요구되고 있다는 것이다. 전통적인 일의 방식이 완전히 무너지지는 않지만 신기술과 기존 방식의 결합이 이뤄지는 경우가 일상이 될 것이다. 신기술과 융복합된 새로운 방식에 적응하기 위해 정보를 습득하고 변화에 민감하게 대응해야 한다는 뜻이다.

정보통신기술의 격차가 커지면서 정보의 빈익빈 부익부 현상이 발생하고 있다. 친구들과 오랜만에 만나 이야기를 하다 보면 오직 넷플릭스 이용자들만 시청할 수 있는 오리지널 버전의 영화, 드라마를 이야기하곤 한다. 일정한 비용을 지불하고 시청을 하는 넷플릭스 이용자들만 알 수 있는 이야기들이다. 그 이야기를 들은 주변 사람들은 넷플릭스에 가입하게 된다.

최근 코로나의 확산세에 영화 제작사, 배급사들이 온라인 동영상 서비스(OTT) 개봉을 선택하는 경우가 늘고 있다. 집에서 영화를 보고 여가를 즐기는 사람들이 늘어나 나타나는 현상들이다. 미국 전자상거래업체 아마존도 아마존 프라임 비디오 서비스를 통해 OTT 시장에 진출했고 수익을 내고 있다. 이렇게 매년 산업 시장의 트렌드가 급격하게 변해가고 있다. 패러다임의 변화에 민감하게 판단하고 내가 나아가야 할 방향에 대해 고민할 이유다.

중요한 것은 달라지지 않는다

생존의 법칙이 달라지고 있다. 미래에 함께 올라타기 위해서는 이 변화의 흐름에 집중하고 대응해야 한다. 싸이월드를 기억

하는가? 일촌 열풍을 일으키고 승승장구하던 싸이월드도 미래의 흐름을 읽지 못하고 강력한 대체재(페이스북 등)가 등장하면서 사람들에게 잊혀갔다. 이미 선점 자리를 뺏긴 싸이월드는 뒤늦게 투자와 개선을 반복했지만 트렌드를 따라가기에는 역부족이었다. 하지만 나는 어떠한 어려움이 있어도 항상 극복하고 이겨낼 수 있는 길이 있다고 늘 믿는다. 새로운 플랫폼이 생기고 신기술이 생긴다고 두려워할 필요가 없다. 아무리 시대가 급변해도 불변하는 정의와 방법론은 존재한다.

역사적으로 많은 이들이 증명해왔듯이, 우리가 수많은 어려움과 고난을 이겨내왔듯이 이번 포스트 코로나 시대나 4차 산업시대도 현명하게 대처해나갈 것이다.

사회가 급격하게 변하고 불확실성의 시대에 살고 있지만 우리가 걸어갈 길은 분명히 있다. 자신만의 확고한 원칙과 전략을 세우고 한 걸음씩 나아간다면 다가오는 미래도 자신의 페이스로 질주할 수 있을 것이다. 어쩌면 이 순간을 기회라고 생각하고 인생을 바꿀 에이스 카드로 생각하는 사람들도 존재한다.

모든 사람이 에이스 카드를 들고 있다. 다만 그 에이스 카드를 어떻게 활용하느냐에 따라 그 가치가 달라지는 것이다. 당신에게 주어진 에이스 카드를 꺼낼 순간이 바로 지금이 아닐까?

경쟁력을 높여줄 나만의 무기 찾는 방법

무엇이 그를 세계적인 부자로 만들었을까?

홍콩에서 1달러를 소비하면 5센트는 그에게 돌아간다는 말이 있을 정도로 홍콩 경제뿐만 아니라 전 중화권 경제와 아시아 경제에 큰 영향력이 있는 세계 10대 부호이자 홍콩 청쿵그룹의 리카싱 회장이 한 말이 있다.

> "깊이 사고하고, 시대 발전의 맥박을 파악해 시대적 추세에 맞물리는 것을 포착해야 최후의 승자가 될 수 있다."

리카싱 회장은 특히 시장 변화에 대한 뛰어난 예측 능력과 치밀한 분석력을 바탕으로 한 과감한 대응 전략을 중요시했다. 금융, 서비스업, 토지, 부동산, 전신, 유통, 전력, 항구 등 주력 기업이 500여 개에 달하는 기업을 키워나갈 수 있었던 원동력은 바로 인적 네트워크였다. 리카싱 회장은 동서양을 가리지 않고 오직 재능 위주의 인재를 선발해 아낌없이 투자하고 육성하는 데 집중했다. 친분에 따라 인재를 등용하는 기업은 반드시 망한다며 능력과 재능 위주로 인재를 등용했다.

이와 마찬가지로 중국 부호 1위인 완다그룹의 왕젠린 회장도 인재가 곧 재산이라며 인재야말로 기업 경영의 결정적인 요소라고 강조했다.

전 세계가 방탄소년단에 열광하는 이유

기업의 비즈니스 환경이 점점 치열해지고 사회, 경제적인 불확실성이 확대되면서 전통적인 비즈니스 모델에서 탈피한 창의적인 인재가 요구되고 있다. 그에 따라 급격한 시대적인 변화에 적응하고 창조경제 시대에 걸맞게 새로운 지식의 습득으로 글로벌 비즈니스를 개척할 수 있는 역량을 가진 인재가 불가피해졌다.

무한경쟁시대에서 생존하기 위해서는 혁신적인 사고방식으로 개인의 성장은 물론 기업의 성장까지 이어지는 선순환의 생태계가 구축되어야 한다. 급격한 사회 변화의 물결에 휩쓸려 갈피를 못 잡고 허우적거리는 것이 아닌 전문성을 갖춰 나만의 브랜드를 만들 수 있는 인재가 되어야 한다. 자신의 가치가 시장성이 있다는 것을 증명해내야 살아남을 수 있는 시대가 된 것이다.

가치의 시장성을 설명하기에 적합한 사례가 있다. 방탄소년단(BTS). 한국 사람뿐만 아니라 전 세계가 열광하는 대한민국의 그룹이다. 코로나19로 인해 국내외 경기가 어려운 상황에서도 빌보드 차트 1위를 기록하고 엄청난 음원 수익과 유튜브 조회수를 비롯한 콘텐츠 수익도 어마어마하다. BTS라는 무형 자산의 가치가 웬만한 기업을 가치로 따졌을 때보다 높다는 것이다.

BTS는 음악이라는 분야에서 돈으로 매길 수 없을 만큼 엄청난 가치가 있는 브랜드다. 세계적으로 수만, 수천의 가수들이 있지만 그 엄청난 경쟁을 뚫고 세계 1위를 할 수 있었던 이유는 바로 BTS의 멤버들과 기획사의 피나는 노력으로 만들어진 탄탄한 실력 덕분이다. 케이팝에 유례없는 역사를 만들어가고 있는 이유 중 하나가 바로 BTS만의 차별화된 퍼포먼스, 가창력, 음악성 등이 합쳐지면서 세계 메이저 시장에서도 최고로 인정받는 그룹이 된 것이다. 내가 BTS의 성공 사례에서 던지는 시사점은 바로 차별화된 경쟁력, 즉 나만의 가치를 극대화할 수 있는 무기가 필요하다는 것이다.

시대가 변하면 성공 법칙도 변한다

안타깝게도 저성장과 고실업은 2030 밀레니얼 세대가 가장 왕성하게 경제활동을 하는 시기와 거의 맞물린다. 열심히 공부하고 취업 준비에 매진하는 것과 별개로 사회의 성장 동력이 슬로 모션으로 진행되는 시대에 진입했기 때문이다. 그러나 위기는 기회의 다른 말이라고 했다. 이럴 때야말로 자신의 역량을 극대화할 수 있는 절호의 타이밍이다.

나는 특정 분야에 대한 '세분화된 전문성'이 바로 미래에 살아남을 수 있는 가장 효율적인 방법이라고 생각한다. 5~10년 전만 하더라도 직원 한 명이 여러 일을 담당하면 할수록 인정을 받았다. 회계도 하고, 재고 관리도 하고 마케팅도 하는 만능 직원들을 우대했다는 소리다. 하지만 지금 우리는 정보화사회로 깊숙하게 진입하고 있으며 시장은 다변화하고 있어 당장의 내일도 예측하지 못할 정도다.

특히 경제와 트렌드의 변화가 급격하게 일어나고 있어 기업들은 이에 맞춰 새롭게 적응해나가야 한다. 즉 다각화된 시각으로 새로운 방식을 만들어내고 특정 분야에 대한 전문성을 바탕으로 창조적, 종합적으로 사고하고 일하는 방식을 추구해야 한다는 것이다.

미래를 대비하는 나만의 틀을 짜다

이를 준비하기 위한 나만의 방법은 내가 자신 있는 분야를 정해 이 분야에 관련된 데이터를 수집, 가공, 분석해 필요한 정보를 걸러내는 것이다. 나는 끝없이 변화하는 시대의 흐름을 놓치지 않으면서 생존을 위한 트렌드를 파악하고 이를 나만의 방법으로 재해석하려 애쓴다.

이때 나만의 해석 기준은 '세분화'와 '전문성'이다. 이제 전문성을 상실한 인력은 시장성을 잃고 말 것이다. 비즈니스 판이 새롭게 짜이고 사회적인 변화에 따른 새로운 경쟁 구도가 등장했으므로 이에 적극적으로 대비하는 일은 필수다. 기업들이 원하는 창의 융합형 인재, 스마트한 인재가 되기 위한 자기만의 무기를 장착한 사람만이 무한경쟁시대에서 생존의 해답을 알아갈 수 있을 것이다.

오직 사람만이 할 수 있는 새로운 가치

세계의 남녀노소 누구에게나 사랑받는 브랜드

- 싸구려 브랜드인가? NO
- 그럼 너무 비싼가? NO
- 그럼 부자는 안 신나? NO
- 아무나 다 신나? YES
- 전통이 있나? YES
- 그럼 올드한가? NO
- 예쁜가? YES
- 이런 브랜드가 세상에 있나?

이 질문들을 봤을 때 떠오르는 브랜드가 있는가? 나는 이 질문들을 보자마자 답이 나이키라는 것을 한 번에 알 수 있었다. 나이키는 전 세계적으로 가장 사랑받는 부동의 1위 스포츠 브랜드라고 생각한다. 일반인이 충분히 살 수 있는 가격의 제품부터 상상을 초월하는 가격의 상품, 거기다 세계의 트렌드를 이끄는 끊임없는 신상품 출시까지. 전통은 있지만 올드하지는 않고 실용성과 디자인까지 모두 챙기는 브랜드, 그게 바로 나이키다.

나이키가 스포츠 브랜드를 리딩하고 시장을 이끄는 영향력은 어마어마하다. 특히 최근의 기업 행보와 상품의 영향력을 봤을 때 끊임없는 성장곡선을 그리며 승승장구하고 있다. 나이키가 시장을 이끄는 성공 요인은 무엇일까? 나이키의 매년 성장하고 트렌드를 이끄는 요인은 미래를 철저하게 대비해야 하는 우리에게 주는 교훈이 많다.

나이키를 보면 떠오르는 것

나이키는 브랜드 가치를 스스로 정할 줄 알며 오직 나이키만의 가치를 만들고 고객들에게 특별한 가치를 제공한다. 나이키는 고객들이 스스로 어떤 성향을 지닌 사람인지 알고 싶다는 강한 욕망을 잘 건드린다. 나이키 운동화를 신고 아침에 조깅하는 사람들을 보면 운동을 통해 자기 관리를 하는 현대인의 삶을 연상케끔 한다.

나이키는 광고를 통해 이러한 소비자들의 심리를 형성하고 급변하는 시장 환경과 소비자 니즈에 선제적으로 대응한다. 즉 나이키는 고객의 구매를 사용 경험으로 이어지게 만들어 가치를 제공하는 것이다.

농구선수 마이클 조던과 나이키가 협업해 만든 '에어 조던 1'은 조던의 엄청난 활약으로 팬들에게 폭발적인 관심을 받았다. 조던의 활약 속에 나이키는 전 세계적으로 조던 효과를 누리며 도전적인 마케팅에 투자했다. 마치 '에어 조던 1'을 신으면 마이클 조던이 된 것 같은 기분이 들 수 있도록 소비자들의 구매 심리를 적절하게 건드린 것이다. 상품이 가지고 있는 철학을 직접 만들어 가치를 상승시키고 구매로 이어지게 만든 것이다.

나이키의 성공 전략에서 보듯 한 개인도 미래를 철저하게 대비하려면 오직 자신만의 가치를 만들고 스스로 자신의 가치를 정할 줄 알아야 한다.

시장을 이끄는 새로운 가치

나이키는 눈치가 빠르다. 미래에 다가올 트렌드를 빠르게 파악하고 선제 대응을 잘한다. 현재 리셀(Resell : 소장 목적으로 출시되는 한정판이나 희소한 제품 등을 되파는 것) 열풍을 주도하며 코로나19

의 영향에도 대폭 늘어난 매출로 유일하게 웃고 있는 스포츠 브랜드다. 코로나의 영향에도 크게 타격을 입지 않고 꾸준한 마니아층, 리셀 등의 이유로 매출의 상승곡선을 그리고 있다.

특히 디지털 트랜스포메이션의 선제적인 대응으로 온라인 매출을 매년 상승시키고 있다. 트랜스포메이션의 핵심은 전통적인 업무 환경에서 AI, 클라우드 등 신기술을 접목한 비즈니스 전반에 대한 혁신을 말한다. 나이키는 2019년 인공지능 관련 회사를 인수해 소비자들의 구매 패턴과 수요를 예측하고 고객의 행동을 분석했다.

그리고 직접 수집한 데이터를 분석해 고객에게 맞춤형 마케팅 서비스를 제공하고 효율적인 재고 관리에 힘쓰고 있다. 더불어 코로나19의 확산에 대비해 홈트레이닝의 수요가 늘어 날 것을 파악한 후, 실내 운동복 생산을 늘리고 온라인 사이트에 적극 투자함으로써 온라인 판매의 비중을 급격하게 올릴 수 있었다. 또한 사용자에게 맞는 다양한 운동프로그램을 제공하고 동기를 부여하는 애플리케이션을 제작해 언택트 시대에 선도적으로 대응하고 있다.

이러한 시대적 변화에 적극적으로 대응한 결과, 작년 대비 엄청난 실적을 기록하고 있다. 앞으로 기업 간 경쟁이 더욱 치열할 것이고 급변하는 미래에 생존하기 위해서는 각자 살아남을 방법을 끊임없이 고민해야 한다. 더군다나 기계와 인공지능과 함께 더불어 살아가야 하는데 무엇보다 내면의 단단함과 흔들리지 않는 소신을 갖고 다가올 미래를 대비해야 한다.

정보를 수동적으로 받아들이는 기계적인 대응이 아니라 정보를 생산하고 창출해내는 존재가 되어야 한다. 결국에는 기계가 할 수 없는 일이 있을 것이고 오직 인간이 할 수 있는 새로운 가치 생산을 위해 대비해야 한다. 새로운 시대를 맞이하기 위해 새로운 생각, 새로운 가치는 필수가 된 것이다.

제2의 나이키가 되기 위해

"JUST DO IT"이라는 문구를 들어봤을 것이다. 나이키 브랜드의 핵심 강령이다. 나이키는 "JUST DO IT" 캠페인을 통해 스포츠 신발 점유율이 1988년 18퍼센트에서 1998년 43퍼센트로 증가했다. 나이키의 이 슬로건은 밀레니얼 세대를 확고한 충성 고객으로 끌어들이기 충분했다. 스포츠와 일상을 넘나드는 성취감, 도전 정신 등 나이키 브랜드 정신을 대변하는 거대한 세계관인 것이다.

"그냥 해봐(Just do it)!"

슬로건의 의미를 확산시키면서 그 철학과 정신에 부합하는 광고와 마케팅을 통해 이를 부각하기 위해 노력하고 있다. 스포츠라는 영역을 넘어 모든 영역과 사회 전반에 걸쳐 강력한 끌림과 공감을 만들어내며 오랜 시간 변하지 않는 인기와 지지를 받아오고 있다. 나이키는 브랜드 가치관을 끊임없이 고객에게 노출했고 이러한 가치관에 동의한 고객들은 나이키라는 브랜드를 하나의 표현 수단으로 여기고 있다.

특히 나이키를 보면 불가능한 것에 도전하는 이미지, 함께하는 것을 중요시하는 이미지를 떠올리게 된다. 이러한 이미지가 고객들의 마음에 깊숙하게 자리 잡게 된 것이다. 이렇듯 우리도 누군가 나를 떠올렸을 때 무언가 떠오르는 확고한 이미지와 정체성을 떠올릴 수 있게 만들어야 한다. 그러기 위해서는 자신만의 무기가 반드시 있어야 하고 철학이 있어야 한다. 나를 표현할 수 있는 단어, 대표 명사가 존재하면 좋다.

당신이 지금껏 별다른 생각 없이 살아왔다 하더라도 당신에게 아무런 기회가 없는 것이 아니다. 집중해서 생각하는 힘을 기르고 자신을 표현할 기회를 발견해야 한다.

남다른 문제해결력으로 만들어내는 결과

요즘은 벤츠, BMW보다 테슬라를 산다며?

천재적인 과학자 니콜라 테슬라의 이름을 따 설립한 전기자동차 기업 테슬라가 최근 전 세계를 뜨겁게 달구면서 새로운 시대의 자동차 시장을 뒤흔들고 있다. 테슬라는 자동차산업의 독보적인 위치를 선점하며 전 세계 전기자동차 분야에서 가장 많은 판매량을 기록하고 있다.

또한 테슬라의 회장인 일론 머스크는 자동차 생산의 모든 과정을 자동화해 인간의 공장이 아닌 외계인의 것처럼 보이게 하겠다는 '외계인 드레드노트(Dreadnought : 거함 거포 시대를 연 역사적인 전함으로 각국 전함의 새로운 표준 모델이 되었다)'를 현실화시키고 있다. 자동차산업은 역사적으로 사회, 정치, 산업적 요인에 의해 변화되어왔으며 하드웨어, 소프트웨어의 모든 기술이 융합된 현재와 미래 기술의 집합체라고 해도 무방하다.

테슬라가 기술의 집합체인 자동차산업에 뛰어들어 성공을 거둔 이유가 무엇일까? 독일의 오래된 자동차 기업들을 제치고 주가가 10년 만에 50배 오르고 시가총액 기준으로 토요타를 꺾고 세계 1위 자동차 기업이 된 테슬라의 사례에 주목한다면 미래의 주도권을 쥐게 된 성공의 비결을 알 수 있을 것이다.

문제를 해결하는 리더가 기업을 살린다

전기자동차산업 그 자체를 상징하는 테슬라는 특이하게 실리콘밸리에서 탄생한 기업이다. 단순한 자동차가 아닌 슈퍼카를 연상케 하는 차량 디자인, 고성능의 전기자동차 회사로 전 세계인들에게 알려져 있다.

시간이 지날수록 친환경 기술이 중요시되고 환경 규제가 엄격해지고 있는 지금, 자율주행이라는 첨단기술과 결합하고 스포츠카와 견줄 수 있는 자동차 성능을 갖춘 친환경적 전기자동차를 탄생시켰다. 그리고 전기차 판매를 시작한 2006년부터 18여 년 동안 계속 적자를 기록하다가 2020년 4분기에 사상 처음으로 7억 달러를 넘는 흑자를 냈다. 이는 오랜 실패에도 개발 투자비를 아끼지 않고 수많은 도전을 이어온 성과라 볼 수 있다.

또한 테슬라는 새로운 도전을 멈추지 않고 지금은 태양열을 이용한 배터리, 자율주행 기술 고도화와 같은 새로운 플랜을 가지고 개발 투자에 온 힘을 다하고 있다. 일론 머스크는 테슬라 초기 모델을 출시하기 전까지 경영과 제품 개발에 대한 계획이 거의 백지상태였지만 가장 먼저 전 세계의 똑똑한 엔지니어 18명을 모아 개발을 시작했다. 그리고 자신이 먼저 솔선수범해 직원들에게 할 수 있다는 동기부여를 꾸준히 제공하고 하루에 18시간씩 직원들과 일하면서 비용은 축소하면서 혁신적인 개발을 하도록 밤낮을 가리지 않고 노력했다.

그렇게 회사 창립 1년 반 만에 시제품을 출시했다. 하지만 배터리 발열 등의 기술적인 문제가 생기면서 이를 개선하기 위한 기술 개발 비용이 계속해서 들어갔다. 결국 이 여파로 테슬라는 부도 직전까지 갔지만 2008년 극적으로 마지막 투자금을 마련했고 다음 전기 시제품을 시장에 선보였다.

이후 세계적 기업인 벤츠와 토요타의 투자를 받으면서 결국 2012년에 모델S를 출시해 세계적으로 엄청난 판매량을 기록하게 된다. 일론 머스크는 수많은 어려움과 고난이 있었지만 포기하지 않고 직원들을 독려하며 끊임없이 문제해결을 위해 발로 뛰었다. 목표 달성을 위한 신념을 갖고 위기를 돌파한 이 같은 실행력은 테슬라를 전 세계적인 차세대 전기자동차의 선두 기업 자리에 올려놓는 성과를 낳았다.

미치지 않고서는 미칠 수 없다

많은 우여곡절을 겪었지만 일론 머스크는 문제해결력을 통해 고정관념에서 벗어나 여러 가지 현실 가능한 것을 상상하고 의문을 가지며 자신의 신념대로 일을 추진했다.

단순히 눈앞의 문제를 해결하기 위해 급급한 것이 아니라 근본적인 원인을 파악하고 자신이 직접 발로 뛰며 새로운 해결책을 마련했다. 투박하고 성능이 낮아 전기자동차에 주목하지 않은 사람들의 심리를 파악해 빠르면서 예쁘고 성능 좋은 자동차를 만들면 충분한 승산이 있을 것이라고 확신한 것이다.

그렇게 탄생한 테슬라의 전기자동차는 한 번 충전하면 480킬로미터까지 달릴 수 있었고 4.2초 만에 시속 100킬로미터까지 달릴 수 있는 세계적인 자동차가 된 것이다.

일론 머스크는 본질을 확실히 꿰뚫고 폭넓은 상상력으로 지금의 자동차에 머무르지 않고 계속 아이디어와 성능을 발전시켜 온 것이다. 자신이 영웅이라고 믿었던 사람들조차 자신의 아이디어를 비난한다고 들었을 때 일론 머스크는 울먹이면서 그래도 자신이 해야 할 일을 포기하지 않겠다고 인터뷰를 한 적이 있다. '미치지 않고서는 미칠 수 없다'란 말이 딱 어울리는 대목이다.

당신도 주인공이 될 수 있다

구글, 아마존, 테슬라, 넷플릭스와 같은 세계적인 기업들의 인재 선발 기준이 달라지고 있다. 세계적인 경쟁력을 갖춘 기업들은 불황일수록 인력 채용에 투자를 아끼지 않는다.

> "기업이 민첩해지려면 최고의 직원으로 팀을 꾸려야 한다. 그런 점에서 넷플릭스의 성공 비결은 최고급 인재 영입에 있다고 할 수 있다."
>
> \- 넷플릭스의 CEO 리드 헤이스팅스

평범한 비디오 대여점이었던 넷플릭스가 자산 수백조 원에 이르는 글로벌 기업이 될 수 있었던 비결에는 뛰어난 인재 관리 정책이 있었다.

아마존의 채용 3대 원칙

첫째, 이 후보자는 존경할 수 있는가?

둘째, 이 후보자는 소속될 조직의 업무 효율성을 제고할 수 있는가?

셋째, 이 후보자는 슈퍼스타가 될 가능성이 있는가?

세계적인 기업들은 핵심 인재 영입에 집중하고 있으며 조직

내 성과를 창출할 수 있는 인재를 원하고 있다. 이 핵심 인재의 공통적인 점은 바로 문제해결력이다.

나 역시 청와대 대통령 비서실과 은행 업무, 대기업 영업 관리 등의 일을 맡아 하면서 크고 작은 난관에 부딪친 일이 많다. 그때마다 나는 내 선에서 해결 가능한 방법을 찾아 상황에 맞게 적절히 대응하려 노력했고 좋은 결과를 많이 얻어냈다.

앞으로 이어질 장들에서는 내가 찾았던 방법과 문제마다 적용을 달리했던 해결법, 활용한 방법 등을 하나씩 소개할 예정이다. 부디 많은 사람들이 저마다의 문제를 해결하는 데 작은 도움이 되기를 간곡히 바라본다.

2장

확고한 목표가 나를 움직이게 한다

미션 임파서블은 없다!

묵직한 소 한 마리를 들어 올린 방법

기원전 6세기에 열렸던 올림픽에 출전해 레슬링에서 여섯 번 우승한 밀로(Milo). 그의 우승 비결은 무엇이었을까? 바로 송아지였다. 소고기를 먹고 훈련해서? 아니다. 밀로는 송아지를 들어 올리는 훈련을 하루도 빠짐없이 매일 한 것으로 유명했다.

매일 송아지를 들어 올리는 훈련에는 어떤 의미가 있을까? 훈련이 지속됨에 따라 송아지도 매일 성장하게 될 것이다. 송아지가 성장하면서 무게가 조금씩 늘어날 것이고, 밀로 또한 훈련 때마다 조금씩 점점 무거워지는 송아지를 드는 힘도 더 필요했을 것이다.

매일 훈련을 반복한 밀로는 어느덧 무게가 제법 나가는 소가 됐을 때도 거뜬하게 들어 올릴 수 있었다. 이렇게 힘이 강해지자 밀로는 무려 6번이나 레슬링 챔피언이 될 수 있었다. 만약 밀로가 성장해가는 송아지 대신 매일 똑같은 무게의 운동기구를 들어 올렸다면 6번의 챔피언 타이틀을 얻을 수 있었을까?

내 주변 지인들을 보면 누구보다 성실하게 헬스장에 나가 긴 시간 운동하지만 별다른 변화가 없는 사람들이 많다. 그들을 자세히 살펴보면 자신이 들 수 있는 최대의 무게를 매일 똑같이 반복적으로 운동한다. 그들의 근육은 일정량이 지나면 더 이상 커지지 않게 된다.

그 이유가 뭘까? 이론적으로 보면 운동을 통해 근육이 만들어지는 과정에서 우리 몸은 에너지를 많이 쓰게 된다. 더불어 만들어진 근육을 유지하는 데도 에너지가 상당히 많이 쓰인다. 우리 몸은 생존의 입장에서 과도한 근육을 만들면 에너지를 그만큼 많이 쓰기 때문에 근육을 키우지 않으려고 한다.

또한 운동할 때 쓰이는 기초대사 에너지를 조절하기 위해 뇌신경에서는 몸에 힘들다는 신호를 보내게 된다. 그렇게 힘들다는 신호를 받은 몸은 쉽게 포기하거나 적정량의 운동을 지속하게 만든다. 이러한 패턴이 반복되면서 운동 강도는 변화 없이 지속되고 근육의 증가도 크게 오지 않게 되는 것이다. 결국 우리의 몸은 지속된 운동 강도에 맞춰 딱 필요한 에너지만 쓰는 데 적응하게 된다.

“뇌에서 시키는 대로 방치하면 안 돼!”

운동선수들이나 운동을 전문적으로 하는 사람들이 중요시 여기는 것이 있다. 바로 ‘점진적 과부하’다. 점진적 과부하란 쉽게 말해 본인이 들 수 있는 중량, 세트 수를 천천히 증가시킨다는 의미다. 즉 지속적으로 근육에 가하는 부하를 늘린다는 뜻이다. 이전에 비해 중량을 올리든지 세트 수를 증가시켜 뇌에 계속해서 근육을 성장시켜달라고 요구를 하는 것이다.

뇌는 이를 받아들이고 고된 운동으로 상처를 받은 근육에 에너지와 영양소를 더욱 주게 되면서 근육이 성장하게 되는 것이다. 밀로도 마찬가지다. 매일 무거워지는 송아지를 드는 과정에서 자연스럽게 연습의 점진적 과부하를 겪게 되면서 근육이 커지고 힘도 강해진 것이다. 나는 점진적 과부하의 법칙이 운동뿐만 아니라 일상생활, 더 크게는 나를 성장시키는 원리와도 유사하다고 생각한다.

먼저 내가 운동을 통해 점진적 과부하를 극대화한 경험을 얘기하고자 한다. 직장 생활을 하면서 잦은 회식, 불규칙한 식습관 등으로 과체중이 되어가는 나를 발견하면서 건강한 몸을 유지하기 위해 운동을 시작했다. 평일에는 집 근처 헬스장에 가서 근력, 유산소 등 기초 운동을 했고, 주말에는 5~10킬로미터 러닝을 계획했다.

학창 시절 장거리 육상선수였기 때문에 러닝에 관해서는 누구보다 자신 있었다. 하지만 5킬로미터 첫 러닝에서 큰 충격을 받았다. 완주하지 못하고 중간에 숨이 차서 포기하고 만 것이다. 그때 나의 몸무게는 80킬로그램이 넘었다. 청소년 마라톤 대회에도 참석했던 내가 5킬로미터를 완주하지 못하고 헉헉대는 모습에 충격이 상당했다. 나는 바로 체력을 기르기 위해 근력운동에 이용하던 점진적 과부하의 법칙을 러닝에 대입하기로 했다.

이봉주도 이렇게 했을까?

먼저 점진적 과부하의 첫 단계. 바로 나 자신을 정확히 알아야 한다. 나의 5킬로미터 기록, 현재 몸무게, 나의 유산소 한계치를 정확히 파악해야 다음 연습 강도에서 어떻게 과부하를 줄 것인지 계획할 수 있기 때문이다. 나의 현재 상황, 기록 등을 모두 파악하고 나의 최대 능력치에서 5~10퍼센트 과부하해 다음 연습을 계획했다.

구체적으로 설명하면 나의 5킬로미터 기록이 6분 5초라면 다음 연습에는 5분 55초를 기록할 수 있도록 체력을 조금 더 기르는 것이다. 하루에 1초라도 좋으니 기록을 1초라도 단축할 수 있도록 훈련 강도를 조절했다.

이렇게 자신을 파악하고 훈련을 계획했다면 둘째로 중요한 것은 기록이다. 내가 얼마만큼의 개선이 있었는지 어떤 방식으로 연습을 했는지 꾸준히 기록하여 나의 기량이 성장하고 있는 것을 정확하게 파악해야 한다. 이러한 기록의 과정은 성취감뿐만 아니라 나태해질 수 있는 자신을 바로 잡을 좋은 기회가 된다. 또한 시간이 지나면 세상에 하나뿐인 인생 노트가 되기 때문에 기록의 과정은 반드시 거쳐야 한다.

마지막으로 자신의 기량을 향상할 수 있는 새로운 목표의 산정이 필수적이다. 자신의 현재 상황에 만족하지 않고 더 발전된 자신을 만들기 위해 점진적 과부하라는 법칙을 활용하는 것이다. 나의 경우 1킬로미터당 6분대의 기록을 첫 번째 목표에서는 5분 50초, 두 번째 목표에서는 5분 30초, 세 번째 목표에서는 5분 10초 등 매번 새로운 목표를 산정했다. 현재 기록에 만족하지 않고 기량을 끊임없이 향상하기 위해 기존에 달성된 목표에 만족하지 않았다. 이러한 과정을 거쳐 현재는 1킬로미터 5분 초반대 기록을 유지하고 있다.

Impossible? I'm possible!

이 점진적 과부하의 원리는 자신이 이루고 싶은 목표에 대입시켜 활용할 수 있다. 음식점 창업을 준비하는 예비 창업자라면, 창업의 성공을 점진적 과부하의 원리로 이끌 수 있다.

예를 들어 첫 도전으로 요리 대회에 나가보자. 막상 대회 참가 신청서를 제출하게 되면 준비하는 과정에서 더욱 성장하게 되는 계기가 된다. 서툰 칼질을 다듬기 위해 수없이 양파를 깎기도 하고, 간을 맞추는 연습을 하면서 어느새 요리 실력이 늘어난 자신을 발견하게 될 것이다. 이러한 준비 기간을 거쳐 요리 대회에 나가 수상을 하게 되면 자신감과 이전보다 뛰어난 실력을 얻을 수 있고 다음에는 프로 요리 대회 수상을 위해 수많은 요리 연습을 하게 될 것이다. 한층 더 난이도 있는 대회를 위해 살을 깎는 노력을 하게 될 것이고 이 준비 과정에서 요리 실력은 물론 다양한 메뉴 개발을 시도하며 신 메뉴가 탄생할 수 있는 가능성이 높아지게 되는 것이다.

공부도 그렇고 회사 생활도 그렇고 운동도 모두 유사하다. 자신의 한계를 뛰어넘으려는 노력 자체가 더 나은 자신으로 성장하게 되는 연결고리가 되는 것이다. 과도하게 자신의 한계를 넘을 필요는 없다. 이겨내려는 사소한 실천과 노력들이 쌓여 남들과는 비교할 수 없는 경쟁력을 갖게 될 것이다. 어제의 나를, 지금의 나를 이겨보자. 지금 당장 하나씩.

엔진과도 같은 정리의 힘

매일 잠만 자는데 1등 하는 친구

학창 시절 정말 놀라운 친구가 있었다. 그때를 떠올려보면 그 친구는 대부분 책상에 엎드려 있었다. 쉬는 시간에도 점심시간에도 그 친구는 항상 기절하듯 잠들어 있었다. 하지만 그 친구는 반에서 1등을 한 번도 놓친 적이 없는 우등생이었다. 매일 잠들어 있고 공부도 안 하는 것처럼 보이는데 1등이라니?

어느 날 정말 궁금해서 그 친구에게 찾아가 물었다. "너 학교 끝나고 공부만 해? 학교에서는 잠만 자고, 공부도 그렇게 열심히 안 하는 것 같은데 성적은 왜 이렇게 좋아?"라고 의아한 표정으로 묻자 그 친구는 "나? 맨날 12시 전에 자고 최소 7시간은 자는

데?"라면서 아무렇지 않은 표정으로 답을 하고 다시 책상에 엎드렸다.

정말 궁금했다. 학원도 과외도 다니지 않고 그렇게 공부를 열심히 하는 것 같지도 않은데 어떻게 매번 1등을 놓치지 않을까? 그 친구의 1등 비결은 우연히 밝혀졌다. 그땐 시험 기간이었는데 내가 한국 지리 과목의 정확한 시험 범위가 궁금해 물어보니 그 친구가 다이어리를 폈다. 순간 나는 눈을 의심했다. 시험 범위, 목차, 핵심 내용 등 필요한 내용들이 한눈에 쏙 들어오게 색깔별로 구분되어 요약 정리되어 있었다. 프린트된 것인지 착각할 만큼 깔끔하게 정리되어 있었다. 요일별, 과목별 정리는 물론이고 디테일한 공부 계획까지 모두 정리되어 있었다.

그 친구는 알고 있던 것이다. 정리의 힘을. 시간, 범위까지 모두 정리해서 방향을 잡고 공부를 시작하면 시간을 효율적으로 조절할 수 있고 무엇에 집중할지 바로 파악할 수 있다고 했다. 특히 무엇을 해야 할지 바로 알 수 있기 때문에 고민 없이 공부를 시작할 수 있다는 장점이 있던 것이다.

친구 따라 공부하기

나는 무작정 그 친구를 따라 해보기로 했다. 학창 시절에도 사회생활을 하는 지금도 유용하고 효율적인 방법이 있다면 모방하고 스스로 적용해보려고 많이 노력해본다. 한 손에 들고 다니기 좋은 다이어리를 구매하고 브레인스토밍 방식으로 내가 요즘에 하고 있는 것들을 쭉 적어봤다. 그리고 중요도에 따라 우선순위를 정하고 카테고리를 나눴다.

카테고리는 운동, 공부, 인간관계 등 다양하게 나눴다. 그러자 마감 기간을 정할 수 있었다. 그렇게 적다 보니 정리가 조금씩 되어가는 느낌이었다. 마감 기간에 맞춰 월, 주 단위의 디테일한 계획을 세울 수 있었고 주 단위 계획에 맞춰 하루하루의 계획을 세울 수 있었다. 이렇게 내가 해야 할 일들과 우선순위가 정리되니까 무엇을 어떻게 시작해야 할지 바로 알 수 있었다. 그렇게 나는 다이어리를 매일 작성하는 습관을 들이게 됐고 그 습관은 10년이 지난 지금도 이어지고 있다.

정리의 힘은 대단하다. 내가 이루고 싶은 목표에 맞게 기간과 노력의 정도를 정리하면 심리적 편안함도 받을 수 있다. 시간은 없는데 해야 할 일은 많을 때 뭐부터 해야 할지 모르고 안절부절 못하는 사람을 주변에서 많이 봤을 것이다. 그 사람들의 문제점은 정리가 되지 않았다는 것이다. 현재 자신이 처한 문제를 해결하기 위한 일의 우선순위가 정해지지 않았고 그것에 대한 생각도 정리가 되지 않았기 때문에 불안하고 안절부절못하게 되는 것이다.

여러분이 진정으로 원하는 것이 무엇인지 파악됐고 그것을 이루기 위한 목표 설정이 완료됐다면 목표 달성을 위한 구체적인 시간과 비용, 역량을 정리해야 한다.

아무 고민 없이 앞으로 추진할 수 있는 힘

최근 내가 한국사능력검정시험 1급을 준비한 과정을 예로 들어 설명해보겠다. 진급을 위해 가산점이 되는 한국사능력검정시험 1급 취득이 필요했고 한 달 안에 취득하는 것이 목적이었다.

나는 특별한 비용을 들이지 않고 스스로 공부해서 취득하고 싶었다. 한 달이라는 기간이 정해지자 30일 안에 수강할 수 있는 40강으로 구성된 인터넷 강의를 찾게 됐다. 공부 시간은 퇴근 후 3시간. 짧은 시간을 할애해 강의에 집중하기 위해 TV, 핸드폰 등의 장애 요소를 제거하고 1.5배속으로 강의를 시청하겠다는 디테일한 계획까지 설정했다. 시간적 여유가 되는 주말에는 최소 3개의 강의를 시청해서 한 달이라는 마감 시간에 맞출 수 있도록 계획을 설정했다. 꼼꼼하게 계획을 짜고 집중해야 할 시간과 역량까지 정리되니 주저하지 않고 바로 공부를 시작할 수 있었다.

이렇듯 정리의 힘은 당신이 돌파하고자 하는 것에 엔진과 같은 역할을 할 것이다. 자동차 액셀을 밟으면 앞으로 추진할 수 있는 엔진처럼 말이다. 월, 주, 하루 단위로 해야 할 것들이 정리되면 고민 없이 목표 달성을 위해 전진해나갈 수 있다는 말이다.

공간의 정리가 효율을 극대화한다

무엇인가 이루고 싶은 목표가 생겼다면 하나부터 열까지 계획을 세우고 그 계획에 맞는 구체적인 행동들을 정리하는 것이 좋다. '퇴근 후 한국사 공부'가 아닌 '퇴근 후 핸드폰, TV를 통제하고 온전히 2시간 한국사 강의 시청, 관련 기출 문제 1시간 풀이'와 같이 행동을 통제할 수 있는 구체적인 내용이 담긴 정리가 필요하다는 말이다.

여기서 더 중요한 것은 역량의 정리다. 만약 집중력이 약한 사람의 경우라면 퇴근 후 혼자 공부하는 것보다 스터디나 그룹 공부가 더 효율적일 것이다. 목표를 이루기 위한 자신의 역량을 체크하고 해당 역량을 최대 효율로 사용할 수 있는 다양한 방안을 고민하는 시간이 필요하다.

마지막으로 공간의 정리에 대해 말해보고자 한다. 목표를 달성하기 위한 계획, 시간, 역량 등이 정리됐다면 그 목표 달성의 시간을 효율화할 수 있는 공간의 정리가 필요하다.

나 같은 경우 원고를 작성할 때도 조용한 집보다는 어느 정도 백색 소음이 있는 카페에서 집중력이 더 높아져 카페를 찾곤 한다. 이렇듯 자신에게 주어진 일을 돌파해나가기 위해 공간의 정리도 중요하다. 자신이 온전히 집중할 수 있는 환경을 만드는 것이다. 만약 여러분이 건강한 몸을 만들기 위해 운동을 목표로 정했다면 헬스장과 운동장에 머무는 시간이 많아질 수 있도록 일정을 정리해야 하고 군것질을 할 수 있는 음식을 멀리하고 홈트레이닝을 할 수 있는 기구를 자신의 공간에 조성해야 한다.

즉 목표를 이루는데 불필요한 방해 요소를 자신의 공간에서 빼버리는 것이다. 하루 10분, 시작하기 전 1분, 생각과 행동을 정리할 수 있는 습관을 들여보자. 당신의 문제해결 효율성은 높아질 것이고 목표 달성을 위한 마감 시간은 획기적으로 앞당겨질 것이다.

변화하고 싶다면 반드시 적어라

오래가지 않는 기억력

매년 12월, 내가 반드시 하는 행동 중 하나는 바로 다이어리를 구매하는 것이다. 이전 글에서 이야기한 것처럼 나는 계획을 정하고 이를 정리하는 습관을 지니고 있다.

이를 위해서는 무엇이 필요한가? 바로 다이어리다. 반드시 다이어리가 아니어도 노트, 수첩 등 다양한 방법으로 메모할 수 있지만 나는 다이어리를 반드시 구비한다. 군대를 전역할 때 꽉꽉 채운 일기장과 다이어리 10개를 가지고 전역할 만큼 나의 메모하는 행동은 어렸을 적부터 습관화됐다. 정확히 말하면 메모의 습관화를 만들기 위해 노력했다.

대학생 시절 나의 메모 습관이 빛을 발했던 순간 몇 가지를 이야기하자면, 나는 사회학과로 입학했지만 관심사와 직무 적합도를 고려해 경영정보학과로 전과를 했다.

경영정보학과는 정보화사회에 대응하여 정보기술을 이해하고 응용해 기업의 경영관리와 필요한 정보를 수집, 가공, 관리, 분석할 수 있는 경영정보기술인 양성에 교육 목표를 두는 학과다. 그러한 이유로 회계, 경영전략, 재무관리는 물론 소프트웨어학과 등 이공계에서 배우는 데이터베이스, C언어 등의 과목을 수료해야 했다.

처음에 나는 배경지식이 전혀 없는 상태에서 이공계 강의를 들으니 전혀 이해하지 못했다. 그래서 수업 시간에 교수님이 설명하는 모든 내용을 메모하기 시작했다. 그리고 메모한 내용을 바탕으로 집에 가서 복습하고 또 복습했다. 그렇게 해도 100퍼센트 이해하기 힘들자 그룹 스터디를 모집해 함께 토론하며 공부했다.

다들 생소한 과목에 힘들어하던 중 내가 직접 수업 중에 적은 메모와 다시 복습할 때 덧붙인 메모를 보고 스터디 사람 모두 입을 다물지 못했다. 일목요연하게 정리되어 있으며 색깔별로 파트를 나눠 한 번에 이해하기 쉽다는 의견들이 많았다. 나는 사람들과 함께 해당 전공 시험에 치밀하게 준비할 수 있었고 기말고사 끝에 만족할 만한 성적을 받을 수 있었다.

물음표가 느낌표로 변하는 과정

이번에는 메모를 업무에 적용했을 때 얼마나 효율적인지 이야기해보려고 한다. 현재 나는 영업 관리 직무를 하고 있다. 영업 관리 직무는 매출 관련 자료와 상품 동향 등을 분석해 매출 이익을 높이고 지역 점포 상권에 알맞은 경영 컨설팅 및 상담을 한다.

10개가 넘는 점포를 담당하다 보면 점포별 요청 사항과 전달 사항을 일일이 확인하기 힘들 때가 많다. 이런 고충은 어느 회사, 계열사를 막론하고 영업 관리 직무 담당자가 해결해야 할 사항이다. 처음에 영업 관리 직무에 임했을 때 요청 사항들을 적어두지 않고 머리로 기억했다가 업무 처리가 늦어진 적이 꽤 있었다. 그러다 보면 막상 중요한 할 일에 집중하지 못하고 미뤄진 일 처리에 시간을 쓰게 된다. 그렇게 되면 신뢰도 잃게 되고 나의 업무 효율성도 모두 떨어지게 된다.

나는 이러한 문제를 해결하기 위해 바로 스마트폰 메모 애플리케이션을 활용했다. 방법은 간단하다. 키워드와 마감 기한, 이 2가지가 다였다. 요청 사항이 있으면 이를 상세하게 적을 필요 없이 키워드 위주로 스마트폰 애플리케이션에 적어두고 이를 처리해야 하는 마감 기간이 언제인지 적어두는 것이다.

이렇게 적어두면 다음 날 아침 업무를 정리할 때 일의 우선순위를 정할 수 있고 자칫 빠뜨릴 수 있는 업무를 다시 한번 체크할 수 있다.

여기서 포인트는 즉시 적는 것이다. 스마트폰의 장점은 휴대성도 있지만 신속하게 사용할 수 있다는 점이다. 메모하다 보면 자칫 대화가 끊기거나 하던 일이 중단될 수 있으니 키워드 위주로 10초 안에 메모를 마무리하는 것이 좋다.

그리고 메모의 효율성은 단순히 메모하는 과정만 있으면 의미가 없다. 반드시 메모한 것을 확인하는 시간을 가져야 하고 메모를 정리하는 시간도 함께 가져야 한다.

가끔 메모를 아무리 열심히 해도 변화하는 게 없다는 사람들이 있다. 이건 메모를 해도 효과가 없으니 중간에 그만두기 때문이다. 메모의 효율성을 극대화하는 것은 바로 돌이켜보고 확인하는 데 있다. 메모를 돌이켜보는 과정에서 기록은 행동을 부르게 된다. 그리고 스스로 질문하게 된다. "왜 내가 그런 메모를 했을까?", "왜 내가 그런 다짐을 했을까?" 메모했던 것을 편집하는 과정을 거쳐야 한다. 그래야 효율성 있는 메모가 행동으로 이어지는 것이다.

메모를 하다 보면 여러 가지 유형의 기록이 생길 것이다. 예를 들어 업무와 관련된 메모가 있을 수 있고 책을 읽다가 영감을 받은 문장을 메모할 수 있고 자신의 취미 생활과 관련된 내용일 수도 있고 생활 습관에 관한 내용일 수도 있다.

카테고리별로 창조적 편집이 반드시 필요하다. 창조적이라는 것은 기록한 내용을 바탕으로 앞으로의 계획과 다짐을 새롭게 메모하는 것이다. 이 과정을 통해 자신이 바라는 대로 변화하기 위한 첫 단추를 여미는 것이다. 메모의 시작은 물음표(?)로 시작했다가 적었던 메모를 가지고 자신에게 맞게 편집하는 과정을 통해 느낌표(!)가 되어가는 과정을 의미한다.

이러한 메모의 과정이 반복되다 보면 자신이 바라는 대로 변해가는 스스로를 발견하게 될 것이다.

뭐든 적어보자, "난 100억 부자가 될 거야!"

만약 나를 바꿀 아니면 회사를 바꿀 좋은 아이디어가 있는데 이를 생각만 한다면 어떻게 될까? 머릿속으로만 생각하면 아이디어로 맴돌다 사라져버리겠지만 메모를 하면 생각이 발전하게 되는 계기가 된다. 그리고 요즘 시대의 직장 생활과 취업 준비생들처럼 해야 할 일이 많으면 생각의 정리가 쉽지 않다.

하지만 메모하는 습관이 생기면 말끔하게 해결되고 전략적 사고를 촉진하는 역할을 해주기 때문에 메모 내용을 발전시켜 나를 성장시킬 수 있는 재료가 풍부해지고 나만의 아이디어 맵(MAP)이 확장되어 완성되는 것이다.

나의 경우 지역 맛집을 찾아 다니는 것을 좋아했고 이를 기록하고 싶었다. 하지만 다이어리나 노트에는 사진과 함께 이를 기록하기엔 쉽지 않았다. 그래서 네이버 블로그를 활용했다. 스스로 맛을 상세하게 설명하기도 했고 근처 맛집과 차별화된 것은 무엇인지 분석까지 하면서 블로그를 작성했다. 이러한 메모, 글쓰기 습관은 블로그의 성장으로 이어졌고 체험단, 광고 등의 혜택으로 돌아왔다. 이처럼 메모를 할 수 있는 방법은 다양하다. 자신에게 맞는 메모 방법을 찾고, 기록하는 습관을 들여보자.

만약 메모가 어렵다면 "나는 10년 뒤, 가장 비싼 아파트에서 살 거야"와 같은 다짐을 매일 써보는 것부터 시작해도 좋다. 이렇게 메모를 지속하다 보면 꿈에 대해 생각하는 기회가 많아지고 꿈을 이룰 수 있는 방법에 대해서도 고민하는 시간이 잦아질 것이다. 변화를 원한다면 메모부터 먼저 시작해보자.

D-100, 그 간절함

'할 수 있다'에서 '해낼 것이다'로 바뀌는 과정

학교 대표 이광민. 나는 학창 시절 운동장에 돌멩이가 몇 개나 있는지 다 알 만큼 많은 시간을 운동장에서 보냈다. '대표'란 단어가 나에겐 훈장처럼 느껴졌고 나는 학창 시절 동안 학교를 대표하는 육상선수였다.

초등학교 시절부터 100미터, 200미터 대표선수였지만 중학교에 올라오자 체격 차이가 나기 시작하면서 단거리에서는 승부를 볼 수 없었다. 하지만 어렸을 때부터 뛰는 것을 좋아한 나는 체력 하나만큼은 자신 있었다. 그걸 파악한 담당 코치는 800미터 장거리로 종목 전환을 제안했고 나는 이를 받아들였다.

종목 전환의 제안을 받아들인 그 시점이 정확히 제천시 대표 선발전 D-100일이었다. 단거리 종목에 참가한 적은 많아도 장거리 종목은 처음이었고 심지어 규칙조차 잘 알지 못했다. 하지만 나는 학교를 대표하는 선수로서 수상을 통해 해낼 수 있다는 것을 증명해내고 싶었다. 그리고 100일이면 충분히 할 수 있다고 확신했다.

D-100, 100일의 도전이 시작된 것이다. 집에 가서 가장 먼저 달력에 'D-100, D-99, D-98……, D-1일'까지 빨간 매직으로 모두 적었고 D-day를 볼 때마다 자극될 수 있도록 가장 잘 보이는 현관문에 달력을 붙였다. D-day가 정해지자 가장 달라진 것은 마음가짐이었다. 장거리가 처음인 나는 정해진 기간에 기량을 올리기 위해서 남들보다 2~3배의 노력이 필요했다.

D-day가 줄어들수록 수상에 대한 절박함과 간절함의 농도는 더욱 짙어졌고 나의 훈련 강도는 자연스럽게 올라갔다. 훈련 강도가 올라갈수록 기량은 물론 자신감도 함께 올라가고 있었다. 처음엔 "할 수 있다"에서 "해낼 것이다"로 바뀌었고 대회 기간이 다가오자 "해내고 말 것이다!"라는 자신감과 확신이 생겼다.

만약 내가 D-day를 의식하지 않고 남들처럼 연습하고 대회를 준비했다면 아마 수상에 대한 절박함이 달랐을 것이다. 특히 훈련 집중도도 확연히 달랐을 것이다. 매일 대회까지 남은 기간을 확인하고 현재 내가 부족한 부분을 개선하기 위해 연습에 몰입할 수 있었던 것은 D-day 설정이 기량 증대에 큰 역할을 했기 때문이다.

승부는 결승점 200미터 전부터!

그렇게 100일이 지나 시 대표 선발 경기에 장거리 선수로 처음 출전한 15살의 이광민. 주 종목이었던 단거리에서 경쟁이 되질 않자 장거리로 종목 전환을 통해 반등의 계기를 만들고 100일의 기간 동안 수상이란 목표를 위해 쉼 없이 달려왔다.

단거리 종목이 끝나고 드디어 장거리 종목의 경기가 시작됐고 라인에 8명의 선수가 출발을 알리는 총소리를 기다리고 있었다. 나는 그때의 떨림을 아직도 기억한다. 400미터 트랙을 2번 돌면 되는 종목이었고 출발 총소리를 듣고 오직 앞만 보고 달려갔다. 나는 한 바퀴를 돌았을 때 5위로 들어왔다. 초반부터 무리하지 않은 것이다. 나는 막판 스퍼트가 좋았기 때문에 600미터를 통과해 200미터가 남은 시점에 모든 기량을 다 쓰기 위해 체력을 아껴둔 것이다. 그 연습을 수도 없이 했다. 남은 200미터에 남은 기량을 다 쏟아붓기 위해 훈련하고 또 연습했다.

그렇게 200미터를 앞둔 상황에서 나는 젖 먹던 힘까지 모두 쓰기 위해 내 숨소리에 집중했고 나의 발은 빨라졌다. 그렇게 한 명 또 한 명 연속해서 제치고 2위로 결승점을 통과할 수 있었다. 결승점을 통과하고 1등을 못한 것에 대해 아쉬움이 남았지만 100일 동안 정말 열심히 연습한 모습들이 스쳐 갔다.

불가능할 줄 알았던 일이 모두의 예상을 깨고 성공한 것이다. 학교 선생님부터 주변 친구들까지 모두 놀랐다. "너 100미터 선수 아니었어? 어떻게 장거리에서 수상한 거야?"라며 의아하게 물어보는 친구들도 많았다. 그때 내가 수상할 수 있었던 이유는 3가지였다. 피나는 노력, 할 수 있다는 자신감과 절박함, D-day를 통한 기량 관리. 이 삼박자가 서로 맞춰지면서 처음 출전한 장거리에서 수상할 수 있었다.

15살의 이 피 같은 경험이 인생을 살아오면서 많은 영향을 주고 있다. 또한 나는 최근에 100일 보디 프로필을 진행하고 있다. 헬스에 관한 지식도 경험도 없지만 100일이란 기간 동안 철저한 식단과 꾸준한 운동이 기반이 된다면 나도 유명한 잡지에 나오는 모델처럼 보디 프로필을 촬영할 수 있을 것이라고 확신했기 때문이다. 15살 때의 D-100일 성공 체험이 있었기 때문에 더욱 자신감이 생겼고 그 절박함을 이용하면 충분히 해낼 수 있는 일이라고 생각했다.

100일이면 다 할 수 있어!

2020년 9월, 나는 이 글을 썼으며 이때를 기준으로 보디 프로필 D-57일을 남겨두고 있다. 2시간 동안 운동을 한 후 닭 가슴살과 샐러드를 챙겨 먹고 책상에 앉아 글을 작성했다. 이렇듯 기간을 정해두고 그 정해진 기간에 맞춰 목표 달성 과정을 시작하면 자신감이 생기고 내가 목표를 달성할 수 있는 마음가짐을 컨트

롤 할 수 있게 된다. 만약 내 몸과 신경들도 성공 체험을 통해 유쾌한 감정들을 느낀 적이 있다면 이를 다시 경험하기 위해 같이 반응해줄 것이다.

당신은 무언가 이루고 싶은 것이 있는가? 자격증 시험이든 취업이든 창업이든 무엇이든 100일은 잡고 미친 듯이 실행해보길 추천한다. 나는 당신이 진심으로 그 목표를 달성하기 위해 100일을 최선을 다한다면 90퍼센트 이상은 성공할 수 있다고 자신 있게 말할 수 있다.

내가 이 책을 출간하는 과정도 비슷하다. 100일 안에 나의 모든 집중을 다해 글쓰기를 마치고 싶다. 대신 나는 이 목표를 이루기 위해 낮, 밤, 주말 가릴 것 없이 최선을 다하고 있다. 친구에게 피드백을 받기도 하고 내가 경험한 것들을 요약해 더 실감나게 전달할 수 있도록 글쓰기 연습도 꾸준히 하고 있다. 이러한 집필 과정의 집중은 독자들로 하여금 내 글을 좀 더 가깝게 느끼도록 해줄 것이며 긍정의 에너지도 더 잘 전파해줄 수 있을 것이라고 믿는다.

꼭 100일이 아니더라도 좋지만 보통 무슨 일을 완성하기 위해서는 석 달은 필요하다고 생각한다. 그리고 100일을 넘기는 것은 추천하지 않는다. 석 달이 넘어가는 목표가 있다면 그 목표를 쪼개서 작은 목표를 달성한 후 다시 100일을 시작하기를 추천한다. 인간은 적응의 동물이기 때문에 기간이 길어지면 쉽게 지루해지고 집중도가 떨어지기 때문이다.

결국 D-day 전략을 통해 집중도를 끌어올리고 목표 달성에 대한 절박함과 간절함을 건드려 목표 달성의 효율성을 높이는 것이다. 다이어트를 하고 싶은가? 회사에서 진급하고 싶은가? 100일 계획을 세우고 당장 오늘부터 실행해보자.

D-99가 되는 순간, 자연스럽게 일의 효율은 높아질 것이다. 자~ 오늘부터 D-100!!

목적이 담긴 목표를 세워라

심장병을 극복할 만큼의 열정과 목표 의식

연봉 816억 원 외 추가 수입 548억 원. 1년 동안 벌어들이는 수입만 1천 5백억 원에 육박하는 세계적인 스타. 뛰어난 경기 운영 능력과 화려한 발기술, 폭발적인 득점력을 가진 축구계 슈퍼스타, 전 세계의 팬들을 열광하게 만드는 크리스티아누 호날두의 이야기다.

미국의 폭스 스포츠 채널이 "우리는 호날두의 시대를 살고 있다"라고 말할 정도로 그 영향력은 대단하다. 내가 이 이야기를 꺼낸 이유는 바로 그의 목표 의식을 소개하기 위해서다.

'말라깽이' 호날두. 호날두는 1985년 포르투갈의 가난한 섬마

을에서 태어났다. 겨울에는 춥고 여름에는 비가 새는 허름한 집에서 살았고 설상가상으로 아버지는 알코올 중독자, 형은 마약 중독자였기에 어머니 혼자 청소부 생활을 하며 어렵게 가족을 부양했다. 가난했기 때문에 호날두는 제대로 된 영양 섭취가 되질 않아 말라깽이라는 별명이 있을 정도였다. 이렇게 어려운 상황 속에서도 호날두는 빠른 스피드와 화려한 축구 기술을 갖고 있었고 어머니를 졸라 축구를 시작하게 된다. 세계 최고의 축구 선수가 되겠다는 확실한 목표를 갖고 말이다.

호날두는 12살 때 포르투갈의 명문 구단인 리스본의 입단 테스트에 참가했고 계약에 성공했다. 구단에서 다른 억양과 말투를 사용하는 호날두는 괴롭힘을 당했지만 매일 피나는 연습과 눈물을 흘리며 하루하루를 보냈다. 하지만 피나는 노력은 그의 손을 들어주지 않았고 심장이 2배 빨리 뛰는 병 때문에 더 이상 축구를 할 수 없다는 소식까지 듣게 됐다.

그럼에도 호날두는 포기하지 않고 1년 동안 모은 수술비로 수술에 성공했고 겨우 축구 생활을 이어갈 수 있었다. 정말 열심히 재활 훈련을 하면서 훈련장에 가장 먼저 도착하고 가장 늦게 떠나는 선수가 됐다. 호날두의 천재적인 재능과 피나는 노력과 연습이 더해져 결국 리그에서 실력을 인정받기 시작했다. 그렇게 최고가 되겠다는 목표 의식이 현실이 되는 데 걸린 시간은 5년. 잉글랜드 역사상 청소년 최고 기록의 이적료인 약 175억 원을 기록하며 세계 최고 선수의 길을 걸어가게 된다.

팔굽혀펴기 1천 번, 윗몸일으키기 3천 번. 호날두가 매일 신체적 능력을 지속하기 위해 한 노력들이다. 현재도 닭 가슴살과 물이 주 식단 메뉴고 술과 담배, 탄산음료는 절대 금하고 있는 호날두. 올해 나이가 35세이지만 41세까지 선수 생활을 하겠다는 목표로 철저한 자기 관리를 하고 있다.

어렸을 적부터 누구보다 축구를 시작하기 어려운 상황이었지만 세계 최고의 축구선수가 될 수 있었던 가장 큰 이유는 무엇일까? 바로 명확한 목표 의식과 그 목표를 달성하기 위해 피나는 노력을 포기하지 않고 꾸준히 했기 때문이다. 호날두가 명확한 목표 의식이 없었다면 심장이 2배 빨리 뛰는 병에 걸렸다는 소식을 들었을 때 포기했을지도 모른다.

인생을 바꿀 정도로 확고한 목표를 세워라

삶을 살아가는 데 있어 확고한 목표는 인생을 바꿀 만큼 영향력이 크다. 목표의 본질은 진정으로 원하는 것을 이루기 위함이다. 앞에서 살펴본 것과 같이 자신이 진정으로 원하는 것이 무엇인지 파악이 완료됐다면 이를 이루기 위한 구체적인 목표 설정이 따라줘야 한다. 이제 목표를 설정하는 방법에 관해 이야기하고자 한다.

목표 달성률이 높다는 의미는 실행력이 좋다는 의미이기도 하지만 처음부터 목표를 달성할 수 있게 현실적으로 설정했다는 의미이기도 하다. 일상생활에서 목표 달성을 위해 불필요한 것들은 하지 않겠다는 다짐도 포함된 것이다. 과학적으로 목표를 설정하고 달성하기 위해 나아간다고 느낄 때 뇌에서는 도파민이 분비된다. 목표 달성 과정에서 새롭고 신기한 일을 겪을 때 할 수 있다는 자신감 등 긍정적인 감정을 도출한다는 것이다. 이렇듯 무엇을 시작하기에 앞서 목표 설정은 상당히 중요하다.

그렇다면 목표 설정은 어떻게 할까? 먼저 1년 안에 달성하기 위한 목표 5가지를 설정하라. 목표 달성에 마감 기한을 설정하는 것은 목표 달성을 위한 긴급성을 제공하고 강력한 동기부여를 통해 실행의 효율성을 높인다. 또한 목표 달성 과정 중 게으름을 방지하고 꾸준함을 유지하기 위한 촉진제가 된다.

왜 1년일까? 독일의 심리학자 테오도르 리츠(Theodore Lidz)는 "지루함은 강력한 정신 활동의 필요성과 그것에 대한 목적의식의 결여 사이에서 또는 목적의식을 가질 수 없는 것 사이의 갈등으로 인해 불쾌감을 느끼게 한다"라고 논문에 실었다.

즉 목적의식이 결여된 상태는 지루함을 느껴 목표 달성에 집중하는 데 어려움을 겪을 수 있다. 또한 장기적인 목표 달성 과정을 실천하기에 가장 효율적인 기간은 1년이라고 한다. 목표는 측정 가능해야 하며 정량화가 가능한 결과물 형태로 표현될 수 있어야 한다. 예를 들어 1년 안에 이직을 목표로 하는 직장인이라면 지금보다 더 좋은 기업으로 이직이라는 뜬구름 잡는 목표 설정이 아닌 국내 10대 대기업의 영업 관리 직무로 이직이라는 측정, 정량화가 가능한 결과물 형태로 표현되어야 한다.

혼자보단 둘이 할 때 효과가 더 크다는데?

앞서 이야기한 1년 안에 5가지 목표 설정이 '현재의 니즈'에 의한 것이라면 그다음은 미래를 대비하는 목표 3가지를 설정해야 한다. 지금 이야기하는 3가지 목표는 미래의 나를 위한 목표 설정이다. 직장 생활을 하든 창업을 하든 취업 준비를 하든 4차 산업혁명 시대에 맞춰 급변하는 사회에서 자신만의 무기를 가지고 있어야 한다. 철저한 준비를 하지 않고 미래에 대비하지 못한다면 경쟁에서 살아남지 못할 뿐만 아니라 도태될 수 있다. 반드시 미래를 위한 3가지를 설정하라.

마지막으로 2인 이상 그룹으로 달성할 수 있는 목표 2가지를 설정하라. 동일한 목표 달성을 위해 서로 긍정의 에너지를 주고받을 수 있는 그룹 단위의 목표 설정은 이점이 많다.

예를 들어 한 직장인의 '3달간 10킬로그램 다이어트 성공'이란 목표를 설정했다고 생각해보자. 혼자 목표 달성을 하는 것도 효율적이지만 다이어트란 동일한 목표를 가진 사람과 함께 목표 달성을 위해 달려간다면 서로 긍정의 피드백이 될 수 있다.

또한 목표 달성 과정에서 선의의 경쟁 의식도 생겨 목표 달성에 뒤처지지 않으려는 심리가 발생하기도 한다. 회사에서 진행하는 프로젝트나 같은 기업 입사를 위해 준비하는 취업 스터디든 뭐든 상관없다. 목표를 함께 이룰 수 있는 단짝을 찾고 목표를 달성하기 위해 함께 뛰어보자. 분명 그 힘은 포기하고 싶은 당신을 일으킬 만큼 대단할 것이다.

자, 이제 1년 안에 달성하기 위한 목표 5가지, 미래를 대비한 목표 3가지, 그룹 목표 2가지 총 10가지 목표를 설정했다면 이를 달성하고 싶은 마음이 생기지 않았는가? 지금 당장 노트를 펼쳐 10가지 목표를 적어보자. 뭐든 좋다.

효과가 몇 배로 늘어나는 가장 쉬운 방법

2시간을 위해 2주를 준비하는 이유

"여러분의 인생에 조금이라도 도움이 되기 위해 이 자리에 섰습니다. 취업을 준비하시거나 직무를 선택하실 때 조언이나 도움이 필요하시다면 제가 도와드릴 수 있는 선에서 최선을 다해 도와드리도록 하겠습니다. 제 이메일 주소는……."

강의를 시작할 때 나는 항상 이 말을 하고 시작한다. 누구보다 코칭의 영향과 중요성을 잘 알고 있는 나는 주변 사람들에게 도움이 되는 사소한 그 무엇이라도 하려고 노력한다. 상대방이 나를 어렵거나 부담스럽게 생각하면 나에게 도움의 손길을 뻗치기 힘들다. 이걸 잘 알고 있기에 강연 중간에 편하게 질문을 하도록 유도하고 이러한 분위기는 쉬는 시간이나 강의가 끝난 후에도 자연스럽게 이어진다.

또 나는 기회가 되면 취업을 준비하는 대학생들을 대상으로 취업 전략, 직무 공략, 면접 노하우 등을 주제로 한 특강을 진행하곤 한다. 그리고 특강 요청이 들어오면 2시간 강의를 위해 2주를 준비한다. 취업을 앞둬 시간이 금보다 귀한 학생들에게 최대한 쉽고 피부에 와닿을 수 있는 강의가 될 수 있도록 꼼꼼하게 준비한다.

그렇게 강의를 마치고 나면 이메일 혹은 SNS의 DM(Direct Message), 문자메시지 등으로 질문이 쏟아진다. 나는 왜 이렇게 그들을 도와주기 위해 노력하는가? 한순간이라도 그들의 인생에 긍정의 영향을 미치고 싶은 멘토가 되고 싶기 때문이다. 나는 잘 알고 있다. 내가 하는 조언 한마디가 그들의 선택과 집중에 얼마만큼의 영향을 미치는지, 나도 그랬고 주변 사람들의 인터뷰를 통해서도 알 수 있었다. 그래서 나는 짧게는 하루, 길게는 몇 달간 멘토를 자청해서 그들의 동반자 역할을 하는 것이다.

여러 사례가 있지만 기억에 남는 한 사례를 소개하자고 한다. GS그룹 리테일 계열사로 입사한 후, 주변 지인들로부터 우리 회사에 입사하고 싶어 하는 지인들의 상담 요청을 많이 받았다. 나는 주로 현직자로서 업태(영업이나 사업의 실태) 트렌드, 취업 전략, 면접 노하우, 준비 사항 등에 대해 면밀히 알려주고 피드백을 해주는 과정을 거쳤다.

그렇게 몇 사람의 멘토 역할을 하던 중 친한 지인으로부터 자기가 아는 학생이 공채 준비를 하는 데 조언을 부탁한다는 연락을 받았다. 나는 업태 트렌드를 비롯해 면접에서 다른 지원자들에 비해 부각할 수 있는 면접 노하우를 전수하고 면접 태도 등에 대해 조언을 아끼지 않았다. 내 가족이 준비한다고 생각하고 나의 공채 합격 자기소개서와 다른 기업의 합격 자기소개서까지 이메일로 공유해줬다.

그렇게 두 달 후 지인을 통해 그 학생이 최종 합격했다는 소식을 들었다. 그리고 연수와 교육 과정을 거쳐 실무 담당자로 배치받고 실무 현장에서 얼굴을 마주하니 기분이 오묘했다. 내가 한 사람의 인생에 이렇게 큰 영향을 미칠 수 있다는 생각과 함께 주변 사람들의 인생에 도움이 되는 사람이 되어야겠다는 다짐을 다시 한번 하게 됐다.

나의 PT 선생님이 되어주세요!

내가 다른 사람들을 상대로 멘토가 되어준 것에 관해 이야기했지만 지금부터는 내가 멘토를 찾고 이를 활용한 방법을 소개하고자 한다. 나는 모든 일에 있어 멘토를 찾으려고 노력한다. 그게 업무가 됐든 운동이 됐든 취미 활동이 됐든 내가 올바른 방향으로 목표 달성에 집중할 수 있도록 멘토를 구한다.

멘토라고 해서 유명한 사람이나 나보다 나이가 많은 사람이 아니다. 직장 내 동기가 될 수도 있고, 동네 친구가 될 수도 있으며 심지어 유튜버를 멘토로 삼을 수도 있다.

나는 최근에 건강이라는 키워드 아래 매일 2시간 이상 운동을 하고 있다. 아침 1시간, 저녁에 2시간 정도 운동을 하면서 건강한 육체를 갖기 위해 노력한다. 운동과 식단을 함께 하다 보니 운동도 공부를 통해 과학적이고 체계적으로 해야 한다는 생각이 들었다.

그래서 처음에 찾아본 것이 헬스장 PT(Personal Training)다. PT는 운동에 관한 전문 지식을 갖춘 트레이너와 일대일 맞춤 지도를 통해 운동을 체계적으로 하는 것이다. 각자 사람마다 신체적 특징, 생활 패턴이 다르므로 트레이너는 개인에게 알맞은 운동, 식단 프로그램을 개발해 개별 운동 서비스를 제공하는 것이다. 하지만 일대일 맞춤 프로그램이기 때문에 1회에 5만 원이 넘는 다소 부담스러운 비용으로 나는 PT를 선택하지 못했다.

그래서 찾게 된 것이 유튜브다. 유튜브에는 PT만 검색해도 다양한 영상들이 나온다. 나는 유튜브 영상을 통해 운동과 식단에 대해 정보를 찾았다. 하지만 내가 정말 궁금한 것에 대해 해결이 다소 어렵다는 것을 발견하고 댓글로 구독자들과 소통이 활발한 유튜버를 찾았다. 그리고 그 유튜버의 영상을 시청하고 식단과 운동법에 대해 내가 궁금한 점을 댓글에 남겼다. 댓글에 남기고 몇 시간이 지나자 그에 대한 답변이 구체적으로 달렸다.

나는 그 댓글을 바탕으로 운동법을 수정하고 식단을 새로 짜서 운동을 효과적으로 이어갈 수 있었다. 어떻게 보면 나는 1회에 5만 원 이상이 되는 비용을 아끼기도 했으며 유튜브에서 유명한 크리에이터를 멘토로 삼아 목표 달성에 대한 자극도 더 받을 수 있게 된 것이다.

서로의 조언과 응원이 가져다주는 효과

목표를 달성하는 과정에 멘토를 설정하면 내가 올바른 방향으로 목표를 달성할 수 있도록 조력자 역할을 한다. 또한 멘토의 조언은 효율적으로 일정을 관리하는 데 도움이 되어 목표 달성 기간을 축소할 수도 있다. 특히 목표 달성 과정에서 다소 지칠 수 있는 시기에는 긍정의 자극을 받을 수 있으며 멘토의 기대에 실망하게 하지 않기 위해 남들보다 한 발 더 움직이게 된다.

나는 실제로 업무를 하면서 멘토를 동기로 두곤 한다. 동기에게 업무 과정에 관해 설명하면 개선점이 무엇인지 빠르게 파악할 수 있으며 실무에 함께 있는 동기에게 피드백을 즉각적으로 받을 수 있기 때문이다. 또한 멘토가 된 동기는 책임감을 느끼고 나에게 조언을 해주며 같이 성장할 수 있는 계기가 될 수 있어 매번 귀한 시간이라고 한다.

출근 전, 아침 운동 1시간을 하기 위해 나는 아침 운동 인증

크루(Crew)에 들었다. 그중 나와 라이프스타일이 비슷한 멤버를 나의 멘토로 정한다. 나는 매일 아침 헬스장 인증사진을 그 멤버에게 보내고 인증이 안 될 때면 확실한 벌점(밥 사기 등)을 받는다. 대단한 사람만이 멘토가 되는 것이 아니다. 나의 목표 달성을 도와줄 수 있고 가끔은 따끔한 한마디를 해줄 수 있는 든든한 서포터 같은 역할. 그 역할을 충실히 해줄 수 있는 멘토를 주위에서 찾아보자. 그리고 그 멘토와의 약속, 공약을 지키기 위해 하루를 살아보자. 몇 달 뒤면 변화된 자신의 모습을 발견할 수 있을 것이다.

원하는 결과를 위해 확실히 보상하라

사회생활이 즐거워지는 방법

학창 시절 즐겁고 기뻤던 순간이 언제였냐고 물어본다면 많은 사람들이 "웅변 대회에서 1등을 해서 자랑스러웠던 것이 기억나요", "수학경시대회에서 수상해서 상금을 타서 어머님께 드린 기억이 나요", "학과에서 고학점을 받아 장학금을 받은 기억이오" 등의 비슷한 대답을 할 것이다.

자신이 공들인 노력에 적절한 보상을 받는 그 짜릿한 경험은 잊지 못하고 오래 간직하게 된다. 자신의 행동에 확고한 목표가 있고 그 목표를 달성했을 때 예상 가능한 보상이 있다면 그 과정은 즐거워질 수밖에 없다. 어쩌면 많은 직장인들이 사회생활을 지루해하고 거기서 특별한 의미를 찾지 못하는 경우도 비슷하다. 정기적인 월급은 들어오지만 그 이상의 목표와 의미, 보상을 찾지 못해 주어진 일과만 수행하는 경우가 있을 것이다.

나도 그랬다. 첫 직장에 입사했을 때와는 달리 업무의 숙련도가 높아짐에 따라 반복되는 업무와 특별함이 없는 일상에 조금은 지치곤 했다. 그럴 때마다 나는 대학 시절과 같이 확고한 목표와 뜨거운 열정으로 가득했던 그때의 감정들이 떠올랐다.

무슨 일이든 즐겁게 하고, 순간순간을 행복하게 보내던 그때를 그리고 생각을 정리했다. 그때의 마음가짐과 행동 루틴을 직장 생활에 적용하면 내 삶이 달라질 것이라고 생각했다. 이럴 때는 생각보다 실행이 앞서야 한다는 걸 누구보다 잘 알고 있었던 나는 이루고 싶은 목표를 정했다. 물론 회사에서 주어지는 실적, 목표와 함께 당장 이루고 싶은 단기 목표들을 수립했다. "설득력 있는 목소리로 1분 이상 대화하기" 등과 같이 조금은 엉뚱한 목표들도 있었다.

직장 생활은 조금씩 변화되기 시작했다. 스스로 정한 목표를 달성하기 위해 하나씩 단계적으로 업무를 하다 보니 업무가 즐거워졌다. 퇴근 시간만 기다리며 시간만 보던 눈빛이 바뀌기 시작한 것이다. 업무를 유쾌하고 즐겁게 하다 보면 일이 놀이처럼 흥미롭게 된다.

그리고 이 흥미는 동료들과 유기적인 관계를 유지하게 만들고 나를 도와주는 사람을 많아지게 한다. 일이 즐거워지니 회사에서 진행하는 프로모션, 공모전 등에 능동적으로 참여하게 됐고 1등을 다수 수상하게 되면서 '이광민'이라는 이름도 알리게 되는 계기가 됐다.

호치민 3회, 도쿄 1회, 오사카 1회, 다낭 1회, 상해 1회

마음가짐과 실행력이 달라진 후 내가 수상했던 해외 포상 연수들이다. 사회생활이든 학교생활이든 마음가짐의 차이라고 생각한다. 내가 즐겁게 일할 수 있는 환경을 스스로 만들고 계속해서 그 환경을 발전시켜나가야 한다. 이러한 긍정의 선순환은 하루하루를 보람되게 만들며 내가 살아 있는 이유를 쉼 없이 생각하는 계기를 가져다준다.

두 마리 토끼를 다 잡는 방법

나는 확실한 보상으로 활력 있는 회사 생활을 이어가고 있다. 회사 생활을 하면서 업무 시간에는 최대한 업무 효율성을 높이기 위해 집중하고 퇴근 후에는 확실한 보상을 줘야 한다.

퇴근 후에 일하거나 업무 스트레스를 이어서 받게 되면 이는 심리적 불안으로 이어져 다음 날 업무까지 영향을 미칠 수 있다. 일주일의 업무를 마치는 금요일 저녁에는 와인데이로 정해 한

주 동안 고생한 자신을 위해 와인을 한잔하는 것과 같이 적절한 보상이 필요하다.

일상생활에서의 보상도 목표 달성의 윤활제 역할을 톡톡히 할 수 있다. 나는 올해 한국사능력검정시험 1급 취득을 TO DO 리스트에 넣어두었지만 퇴근 후 주말에 공부를 할 정도로 자극이 될 만한 동기가 없었다. 그래서 조건을 하나 달았다. 바로 아이패드. 평소에 아이패드를 갖고 싶다는 생각을 하곤 했는데 한국사능력검정 1급을 취득하면 이에 대한 보상으로 아이패드를 나에게 선물하자는 것이었다. 확실히 목표 달성 후 손에 쥘 수 있는 보상이 생기니 공부의 효율은 올라갔다.

내가 건 조건은 반드시 한 번에 취득했을 때만 아이패드라는 보상이 생기는 것이었고 한 번에 시험에 합격하기 위해서는 그만큼 시간과 노력을 쏟아야 했다. 이러한 환경은 공부에 더욱 매진하게 만들었다. 목표를 달성했을 때 확실한 보상이 생기니 간절함은 더해지고 남은 목표 달성 기간이 더욱 효율적이게 되는 것이다. 해야 한다는 의무감에서 해내야 한다는 굳은 결심으로 바뀌게 되는 것이다. 마음가짐의 차이가 이렇게 크다.

즉 목표 달성을 위해 온전히 집중할 수 있는 환경을 만들어주는 것이다. 목표 달성 확률이 높아질 수 있도록.

확실한 보상은 확실한 행복

특히 목표 달성 후 확실한 보상이 있으면 진행 과정이 즐거워진다. 반드시 해내야 하는 일들에 대한 부담감보다는 보상에 대한 기대로 그 과정을 즐기게 되는 것이다. 비슷한 경험을 한 사례를 소개하자면, 군대를 전역하고 학비와 생활비를 준비하기 위해 일거리가 많은 포항으로 내려갔을 때의 일을 들 수 있다.

나는 현대제철, 포항제철의 협력업체에 들어가 일용직을 하게 됐다. 처음에는 어색한 근무 환경과 힘든 노동 강도로 무척 힘들었다. 일과를 마치고 일당을 받을 때도 그렇게 행복한 감정을 느끼지 못했다. 돈을 많이 벌면 만족하고 행복할 줄 알았는데 그게 아니었다. 그래서 나는 조건을 걸었다. 열심히 일해서 몇 개월 후 일상으로 돌아갈 때 어머니에게 중고차를 사드리겠다는 확실한 보상을 약속했다. 평소에 어머니께서 차가 오래되어 많은 불편을 느꼈기 때문이다. 이후 나는 어떻게 변했을까?

정말 신기하게 일이 즐거워졌다. 단순히 돈을 번다는 목표에서 돈을 많이 벌어 어머니의 차를 바꿔드리자는 확실한 보상이 생기니 하고 있는 일에 의미가 생겼다. 점심시간만 기다리던 내가 솔선수범해서 일을 주도하고 무표정으로 마감 시간을 기다리던 내가 웃으면서 일하기 시작한 것이다.

그렇게 되니 주변 동료들도 즐거워하고 일하면서 대화하는 빈도가 늘어나고 업무 시간도 즐겁게 보낼 수 있었다. 그리고 돈이 모일수록 보상에 대해 생각하는 빈도가 잦아지면서 만족해하는 어머니의 모습을 떠올리곤 했다. 나는 중고차를 사드리기에 충분한 돈을 모아 고향으로 되돌아올 수 있었고 비싸고 화려하진 않지만 어머니에게 딱 맞는 중고차를 선물해드렸다.

그렇게 어머니의 환한 미소로 보상을 받고 나니 지금까지 힘들었던 기억들이 거품처럼 사라졌다.

자신이 이루고자 하는 또는 자신이 돌파하고자 하는 것에 위기가 왔거나 힘이 들 땐 확실한 보상을 걸어보자. 사소한 무엇이라도 좋다. 금연을 목표로 삼았는데 금단 현상으로 정말 힘이 들 때는 스스로 "이걸 꼭 이겨내서 석 달을 유지하면 그동안 갖고 싶었던 드론을 사자!"라고 외쳐보자. 대신 실패했을 때는 보상이 없고 다시 재도전해야 한다는 것을 명심해야 한다.

오늘 '딱 하루만 담배 피자', '하루쯤은 괜찮아'와 같은 핑계는 통하지 않게 말이다. 확실한 기준을 세우고 이를 어겼을 때는 보상이 없어야 한다. 그래야 다음 목표 달성 과정에도 영향이 가고 목표 달성 후 기다리고 있는 보상도 더 귀해진다.

엉뚱한 버킷 리스트로 또 다른 나를 만나라

이때 아니면 언제 할 수 있을까?

죽기 전에 이것만은 꼭 하고 싶은 것이 있는가? 모든 사람은 꿈을 갖고 있다. 부자가 되고 싶은 사람, 세계 일주를 하고 싶은 사람, 건물주가 되고 싶은 사람, 운동해서 몸짱이 되고 싶은 사람, 퇴직하고 시골에 돌아가 한가롭게 살고 싶은 사람 등 저마다 하고 싶은 작고 큰 꿈들을 갖고 있을 것이다.

언제부턴가 '죽다'의 의미인 'Kick the Bucket'에서 유래된 죽기 전에 꼭 해야 할 일이나 하고 싶은 일들을 적는 'Bucket list(버킷 리스트)'가 이슈다. 많은 사람이 해가 바뀌는 매년 초가 되면 1년 동안 꼭 해야 할 일들을 적고 이를 공유하고 버킷 리스트를 이루기 위한 계획들을 세우느라 바쁘다. 당신의 올해 버킷 리스트는 얼마만큼의 달성률을 보이고 있는가?

나는 매년 10가지의 버킷 리스트를 정한다. 나의 지난 2020년 버킷 리스트 10가지는 다음과 같았다.

1. 체중 감량 후 보디 프로필 찍기
2. 회사 생활에서 데이터 가공 능력 향상
3. 수영 강습받기
4. 유럽 여행(코로나19로 취소)
5. 책 출간하기
6. 1천만 원 이상 저축하기
7. 확고한 취미 생활(러닝, 등산 등)
8. 허리 재활
9. 친한 친구 축가, 사회 보기
10. 사람들 앞에 서서 이야기하기

순서대로 보다 보면 8번까지는 고개를 끄덕거리며 누구나 생각하고 계획할 수 있는 것들이다. 하지만 9번과 10번의 경우 보는 사람에 따라 살짝 엉뚱하다고 생각할 수 있다.

그렇다. 나는 매년 버킷 리스트를 계획할 때 꼭 2개 이상은 엉뚱한 버킷 리스트를 설정한다. 엉뚱하다는 의미는 평소에 내가 경험하지 못한 것들 또는 전혀 생각해보지 못한 것들, 나와 어울리지 않는 것들, 의도하지 않으면 하지 못하는 것들로 설정한다.

왜 이렇게 정하는 걸까? 엉뚱한 버킷 리스트가 또 다른 나를 만날 좋은 기회를 가져다주기 때문이다.

내가 축가를 부른다고?

버킷 리스트는 계획만 잘 설정해도 단계적 시간 관리가 가능하며 목표 달성 방향성을 올바르게 잡을 수 있다. 단순한 목표와 계획 없이 시간을 보낸다면 당장 해야 할 일에만 집중하게 되고 숲은 보지 못하고 나무만 보게 된다. 그래서 반드시 버킷 리스트를 설정해보길 추천한다.

버킷 리스트를 설정하기만 해도 당신은 반드시 바뀔 수 있다. 작은 걸음을 내딛는 첫 단계가 되기 때문이다. 그리고 실행을 위한 세부 계획들을 세워야 한다. 어떤 운동화를 신을지 곰곰이 생각만 하는 것이 아니라 실제로 운동화를 신을 때 운동이 시작된다는 것을 명심해야 한다. 더불어 나는 평소에 관심이 덜했던 그리고 쉽게 경험하지 못했던 분야에 도전해보는 것의 힘과 영향력의 가치를 잘 알고 있다.

나는 말주변이 뛰어나거나 위트가 넘치는 성격이 아니다. 천성적인 재능을 갖고 있기보다는 노력형으로 만들어진 말하기 스킬이 많은 편이다. 이런 내가 올해 버킷 리스트를 설정하는 과정에서 친구의 결혼식 사회와 축가를 계획했다. 내 노래 실력은 장기자랑에 나갈 만큼은 되지 않는다. 그저 가끔 노래방에서 100점을 간간이 받는 수준이다.

하지만 버킷 리스트에 이 2가지를 설정했다. 그 이유는 내가 정말 아끼고 좋아하는 친구의 결혼식에서 진심으로 축하해주고 싶었고 한 번도 해본 경험이 없는 축가와 사회를 통해 그 친구의 기억에 남고 싶었기 때문이다.

신기하게도 이 버킷 리스트를 설정하자 평생 친구 중 한 명이 결혼한다는 소식을 알려왔다. 나는 이 친구에게 남부끄럽지 않게 축가 연습을 할 테니까 축가의 기회를 달라고 했다. 친구는 이렇게 먼저 얘기해주는 것만으로도 정말 고맙다며 축가 요청을 흔쾌히 허락했다.

나는 그날부터 운전할 때나 집에 혼자 있을 때나 운동을 할 때나 축가 연습에 혼신의 힘을 기울였다. 가사를 다 외울 정도를 넘어 음만 들어도 어느 가사인지 알 만큼 연습했다. 놀랍게도 한 곡을 무한 반복하며 연습하니 박자와 음정까지 완성이 되어갔다.

결혼식 당일, 그동안 연습했던 축가를 부르는 동안 친구와 신부는 눈물을 글썽거렸고 축가에 담긴 나의 진심이 전해지는 듯했다. 성공적이었다. 신혼여행을 다녀온 후 신부의 정성 어린 손편지까지 받을 수 있었다.

이렇게 내가 설정한 버킷 리스트로 친구를 생각하는 나의 진심이 전해질 수 있는 좋은 기회가 생겼고 축가를 통해 우정이 더 단단해지는 계기가 됐다. 심지어 나의 발전된 노래 실력과 자신감도 함께 말이다.

나는 먼저 평소에는 생각지도 못했던 것들을 계획했고 그 계획들을 실행하는 과정에서 다양한 감정을 느낄 수 있었다. 만약 내가 이러한 버킷 리스트를 설정하지 않았다면 친구에게 진심이 전해지는 과정도 축가를 연습하는 시간도 손편지를 받는 감동적인 순간도 없었을 것이다. 조금은 엉뚱한 나의 버킷 리스트가 또 다른 나를 만나게 해주는 계기가 된 것이다.

엉뚱한 계획이 색다른 가치를 부른다

나의 또 다른 엉뚱한 목표인 '사람들 앞에 서기'. 나는 평소 주변 사람들에게 도움을 줄 때 보람과 기쁨을 느끼곤 했다. 그러던 중 사람들 앞에 서서 그들의 인생에 조금이나마 도움이 될 수 있는 강연을 해보고 싶다고 생각했다.

강연을 전문적으로 배우지도 않았고 남들 앞에 서서 이야기를 할 만큼 경력이 많거나 화려하지는 않았지만 대학 생활을 하면서 느끼고 배웠던 것들 그리고 직장 생활을 하면서 전해주고 싶은 이야기들을 정리해서 강연을 해보기로 결심했다.

나는 먼저 대학생들을 대상으로 강연하기 위해 강연 자료를 준비했고 운이 좋게도 대학 내 취업 관련 부서와 연결될 수 있었다. 그렇게 나는 사람들 앞에 설 수 있었고 학생들의 입장에서 이해하기 쉽고 그들이 겪는 고충에 답안이 될 수 있도록 최대한 많은 자료를 준비했다.

나의 이러한 큰 노력이 담긴 자료와 2시간의 강연은 학생들의 큰 호응으로 이어졌다. 강의가 끝나고 줄을 설 정도로 질문이 이어졌고 이메일과 문자로 수많은 질의응답을 이어갔다.

좋은 반응으로 인해 이후에도 몇 차례 강의 요청이 들어왔고 취업을 코칭하는 실무자 강연까지 하게 됐다. 그러다 보니 여러 강연을 준비하면서 스피치 실력은 물론 강연을 주도하는 실력까지 늘게 됐다. 코로나19의 영향으로 비대면 영상 강연 요청까지 들어오면서 학생들과 실무자들에게 도움이 될 수 있는 강연 전문가의 길을 걸을 수 있었다.

이렇듯 내가 10번째 버킷 리스트를 설정해 도전하지 않았더라면 사람들 앞에 서서 도움을 줄 기회조차 없었을 것이다. 그리고 만약 평범한 버킷 리스트만 설정했다면 작년과 똑같은 일상을 보내고 있을지도 모른다.

그러니까 가끔은 엉뚱한 목표를 설정해도 좋다. 엉뚱한 도전이 또 다른 나를 만나는 계기가 될 수 있고 지금까지 느끼지 못했던 색다른 감정들을 느끼게 할 수도 있을 것이다. 만약 나처럼 새해를 맞이해서든 아니면 새로운 마음가짐을 담아 10가지 버킷 리스트를 설정한다면 1~2가지 정도는 평소에 자신이 경험하지 못했고 또 접해보지 못했던 영역에 도전해보길 바란다.

자신이 설정한 버킷 리스트가 실패할 수도 있고 또 그 리스트에 쉽게 뛰어들지 못할 수도 있지만 일단 도전을 시도한다면 지금껏 느끼지 못한 감정들을 맛볼 수 있게 될 것이다. 그리고 이런 과정을 통해 삶이 더 의미 있어질 것이며 세상을 보는 관점도 넓어질 것이다.

후회 없는 직무와 회사를 찾기 위한 4단계

온전히 자신의 영혼을 불사르면서 흔들림 없는 몰입을 한 경험이 있는가? 시간이 지나가는지 모를 만큼 그 일에 온전히 몰두하기 위해서는 사랑하는 일을 해야 한다. 타인에 의해 억지로 하거나 의무감에 떠밀려 하는 일에도 물론 몰입하고 집중할 수 있지만 그 지속성은 길지 않다.

취업 준비 대학생들은 흔히 "대기업에 입사하세요!", "최소 연봉 5천만 원 이상 기업으로 지원하세요" 등 자신 내면에 집중하여 역량을 발휘할 수 있는 곳이 아닌 그저 돈, 명예로 가득 쌓인 알맹이 없는 풍선과 같은 이야기를 자주 듣는다.

치열한 입시와 경쟁사회 속에서 자란 우리들은 누군가 만들어낸 순위에 이끌려 사회가 정해놓은 틀 안에서 미래를 결정하는 경우들이 많다. 코피 쏟아가며 입시 준비를 해서 명문대를 입학하고 토익, 학점, 대외 활동, 어학연수 등 각종 스펙을 쌓아 대기업에 들어가는 것이 암묵적으로 올바른 길, 누구나 부러워하는 길이라고 우리는 여겨왔다. 하지만 "대기업 들어가서 행복해?"라는 질문에 얼마나 긍정적인 답변들을 할까? 나는 대기업, 공기업, 그 어느 곳이 좋다, 나쁘다라고 얘기하고 싶지 않다.

그저 자신의 사랑하는 일을 할 수 있는 곳, 희열을 느끼고 몰입하는 일을 찾아 역량을 펼칠 수 있는 곳이 어디인지 고민해야 한다. 퇴사, 이직이라는 돌아가는 길 말고 자신의 시간과 젊음을 낭비하지 않고 온전히 역량을 발휘할 수 있는 진정한 놀이터를 찾아야 한다. 우리의 젊음은 소중하다. 다음은 직업을 선택하기 전 후회 없는 직무와 회사를 찾기 위해 꼭 필요한 4단계다.

1단계 : 자신이 무엇을 좋아하는지, 잘하는지 확실히 알기

- 성인이 된 후 2~3년은 다양한 경험을 해야 한다. 여행, 대외 활동, 다양한 교양과목 수강, 동아리, 아르바이트, 공모전 등의 각 분야에서 경험을 하면서 어느 직무에 흥미를 느끼는지, 어느 활동에 몰입하는지 확실히 알아야 한다.

- 자신이 좋아하는 것 외 다른 사람보다 재능이 있는 분야는 무엇인지, 이 재능을 직업으로 삼았을 때 행복할 것인지 고

민하는 시간을 가져야 한다.

2단계 : 자신에게 가장 잘 어울리는 직무와 기업 정하기

• 첫번째 단계를 통해 자신을 정확히 파악했다면 자신에게 적합한 직무를 선택해야 한다. 직무를 선택할 땐 관련 아르바이트, 인턴 등을 경험해보는 것이 큰 도움이 된다.

• 직무를 선택했다면 자신의 역량을 마음껏 펼칠 수 있는 기업 3곳을 선정해야 한다. 최근 기업마다 필요로 하는 역량, 면접 트렌드, 자격 사항 등이 다르므로 자신이 가고 싶은 기업을 확실히 선정하는 것이 정말 중요하다. 자신이 준비한 기업에 입사한 사람의 추후 직무 만족도, 애사심 등도 남다르다.

3단계 : 기업 및 직무 실무자 접촉하기

• 자신이 꿈꾸었던 직무와 기업이 생각과 달라 입사 후 힘들어하는 사람들이 많다. 4단계 중 가장 중요하다고 할 수 있는 3단계는 실무자를 접촉해 현직의 고충을 직접 들어보고

자신에게 맞는 직무인지 다시 한번 확인해야 한다는 것이다. 특히 자기소개서, 면접 등 준비 과정에서 실무자의 조언은 합격률을 높이는 가장 좋은 방법이다.

- 실무자를 접촉하는 방법은 대학의 취업지원 부서에 의뢰하는 방법이 좋다. 또한 교수나 선배들에게 현직에 있는 실무자 연결을 부탁하면 흔쾌히 도와줄 것이다.

4단계 : TO DO LIST 생성하기

- 실무자까지 접촉했다면 무엇을 준비해야 할지 정리하는 과정이 필요하다. 입사를 위해 해야 할 일의 우선순위를 단계적으로 준비해야 한다.

- 자격증, 인턴, 어학, 면접 등 카테고리를 나눠 실행하며 같은 기업을 준비하는 스터디를 만들어서 함께 대비하는 것을 추천한다. 특히 직접 스터디를 만들어 구성원을 모집하고 이끌어나가면 더욱 큰 도움이 될 것이다.

3장

나의 최대치를 끌어내라

오직 실력만으로 청와대 비서실에 합격하다

내 심장이 뛰기 시작했다

지방 국립대학교 사회과학대에 입학한 나의 20살. 밤낮으로 아무 걱정도, 생각도 없이 놀았다. 나의 미래와 취직에 대해 한 번도 생각해본 적 없이 그저 동기들과 어울리며 자유를 만끽하기 바빴다. 그렇게 1학년 1학기를 마치고 나니 나에게 남겨진 건 텅텅 빈 내 통장뿐이었다.

의미 없는 시간을 보내기엔 청춘이 아깝다는 생각에 파트타이머 공고를 찾아 초밥집에서 아르바이트를 시작했다. 그런데 놀라운 일이 생겼다. 아르바이트하는 게 노는 것보다 10배는 더 즐거운 것이었다. 주로 서빙, 계산 등 기본적인 업무였지만 웃으면서 손님을 응대하는 것이 적성에 딱 맞았던 것이다.

친절한 응대 덕분인지 놀랍게도 시간이 지나면서 단골이 생기기 시작했고 이로 인해 고객 응대에 자신감이 붙은 나는 사장님께 조명과 빔프로젝터를 설치해 가게 분위기를 바꿔 부분 리뉴얼을 해보자며 파격 제안을 했다. 사장님은 흔쾌히 승인했고 직접 인테리어 자재를 구하러 다니며 손수 리뉴얼을 의뢰했다. 난 고작 아르바이트생이었지만 말이다.

결과는 어땠을까? 200만 원 리뉴얼 비용을 투자해 2천만 원 그 이상의 결과물을 냈다. 페이스북에 분위기 맛집이라는 키워드로 입소문이 나기 시작하면서 오픈 이래 볼 수 없었던 웨이팅까지 생기며 대박을 터트렸다. 나는 단숨에 월급에 보너스까지 받는 에이스 아르바이트생이 됐다.

놀기만 했던 내가 무언가를 건드리고 실행하니 눈에 띄는 변화가 있다는 것에 놀라웠다. 특히 일을 하면서 심장이 쿵쾅쿵쾅 뛰는 게 신기했다. 한편으론 기존 방식에 얽매이지 않고 트렌드에 알맞은 과감한 변화를 한다면 돈을 많이 벌 수 있을 것 같은 확신이 들었다. 그렇게 난 6개월의 아르바이트를 그만두면서 1가지 결심을 했다. "돈을 잘 벌기 위해 무엇부터 해야 할까?"라고 스스로 질문했고 장사 잘하는 법을 배우는 경영학을 배우자란 결론을 냈다.

사회학과에서 경영학을 전문적으로 학습할 수 있는 경영대학으로 과를 옮기기로 결심했다. 하지만 걸림돌이 있었다. 바로 학점. 일정 기준 이상의 학점이 되어야 전과를 할 수 있었기 때문이었다. 그저 놀기만 했던 1학년 1학기 학점은 2.13점으로 말할 수 없을 만큼 처참했다.

난 정말 경영학이 배우고 싶었다. 이 난관을 돌파하기 위한 단 1가지의 방법이 있었다. 바로 계절 학기와 2학기에 A학점 이상의 성적을 받아 전과의 최소 조건(평균 3.0점)을 맞추는 방법 뿐이었다. 하고 싶은 것이 생기자 삶의 패턴이 달라졌다. 잠을 아껴가며 공부를 하고 과제의 완성도를 높이기 위해 선배들을 찾아다니며 조언을 구했다. 최악의 학점이었고 전과가 거의 불가능한 상태였지만 결국 나는 대학 입학 1년 만에 과를 바꿔 경영대학에 입학하게 됐다.

그래, 이젠 청와대 도전이다!

나의 선택은 옳았다. 경영 관련 수업은 놀이터에서 놀 듯 즐거웠고 특히 마케팅, 광고, 홍보에 대한 기획력이 성적과 과제를 통해 입증되기 시작했다. 이렇게 재미를 붙여가니 교내 수업뿐만 아니라 공모전, 대외 활동을 통해 마케팅, 광고의 실무 경험으로 점점 성장할 수 있었다. 그렇게 마케팅과 광고에 빠져 있던 중 눈길을 사로잡는 공고를 발견하게 됐다.

바로 대통령 청와대 비서실 채용 공고였다. 뉴미디어 정책비서실의 홍보 직무의 채용 공고. 처음엔 덜컥 겁이 났다. 명문대학교 졸업생과 대기업 실무진들로 포진한 청와대. 100대 1이 넘는 경쟁률. 하지만 가슴 깊숙이 끓어오르는 자신감과 한번 해보자는 도전 정신이 샘솟았다. 주저하지 않고 채용 상세 공고를 살펴보고 내가 합격할 수 있는 전략을 세우기 시작했다.

수많은 명문대 출신 사이에서 높은 경쟁률을 뚫고 합격할 수 있는 방법을 찾아야만 했다. 나는 명문대 학생들에게 뒤처지는 것이 하나도 없었고 오히려 실무능력에서는 그들보다 자신 있었다. 진짜 실력 말이다. 내 진짜 실력을 증명해낸다면 합격할 수 있을 것 같았다. 그때부터 뉴미디어 정책비서실이 하고 있는 업무와 이력들을 모두 찾고 꼼꼼히 정리했다. 관련 뉴스, 이슈를 밤낮으로 분석하고 내가 잘해낼 수 있다는 것을 증명하기 위해 고민하고 또 고민했다. 비서실에서 운영 중인 페이스북, 유튜브를 데이터로 분석하고 이를 개선할 수 있는 방안에 대해서 심도 있는 고민을 시작했다. 실무진들이 원하는 '바로 그 인재다'라는 것을 보여주고 싶었다.

먼저 합격을 위한 첫 단추를 꿰기 위해는 나의 매력 포인트를 잘 작성해 자기소개서를 제출했다. 특히 파워 블로그 운영 경력, 인턴 활동, 공모전 수상 경력 등을 자기소개서에 녹여 직무에 바로 투입될 수 있다는 것을 어필했다. 한 글자 한 글자 혼을 드린 자기소개서가 완성됐고 100대 1의 경쟁률을 뚫고 당당히 1차 서류에 합격하게 됐다.

두드려라, 열릴 것이다

하지만 본 게임은 면접이었다. 8대 1이 넘는 면접 경쟁률에서 합격하기 위해서는 면접관의 마음을 사로잡아야 했고 얼마나 매력적인 인재인지 증명해야 했다. 면접을 준비하면서 경기를 뒤집을 절호의 찬스를 찾게 됐다. 바로 포트폴리오. 포트폴리오 제출이 필수는 아니었지만 나는 찬스라고 확신했다. 경기를 뒤집을 역전승이 되기 위해서는 기적의 포트폴리오가 필요했다. 한 편의 영화를 본 듯한 감동을 주기 위해 직접 제작한 콘텐츠는 물론 동영상 제작까지 밤을 지새우며 준비했다.

그리고 면접 준비. 예상 질문 100가지를 선정해 이에 답변하는 모습을 모두 촬영했다. 표정은 어떠한지, 답변 전달력은 확실한지 분석하고 다시 재촬영하는 과정을 거쳤다. 질문을 모두 외울 지경이었다. 그렇게 면접 디데이(D-day)를 지워가며 간절하게 시간을 보내고 면접을 봤다.

수없이 연습한 직무 강점, 경력 소개, 앞으로의 포부 등에 대해 자신 있게 답변했다. 그렇게 나는 재학 중인 대학 최초로 청와대 대통령 비서실에 합격하게 됐다. 청와대 연풍문으로 오라는 합격의 문자를 받고 기쁨의 환호를 질렀던 그때의 희열은 지금도 잊을 수 없다.

청와대 채용 공고를 봤던 당시 "아, 당연히 안 되겠지?"란 생각으로 겁 먹고 시도조차 안 했다면 청와대 로고가 새겨진 명찰을 목에 걸고 국민과 나라를 위한 일을 할 수 있는 기회가 생겼을까?

나에겐 분명 지방대학교라는 꼬리표가 있었지만 이를 돌파하기 위한 본질을 파악했고 목표를 달성하기 위해 끝까지 파고들었다. "불가능이란 없다"란 굳은 다짐으로 실무자가 원하는 그 인재가 바로 이광민이라고 힘껏 외쳤다. 실패가 두려워 도전하기 망설였던 적이 있다면 지금 다시 시작의 문을 두드려보길 간절히 응원한다. 당신의 인생을 바꿀 절호의 기회가 올 수 있다. 힘껏 외치고, 달려보자.

말투 하나로 청와대 SNS를 활성화시키다

청와대에서 일을?

"청와대 연풍문으로 오셔서 방문증 작성 후 대기하시면 저희 직원이 마중 나갈 예정입니다."

대통령 비서실에 합격한 후 받은 문자 내용이다. 그때 받은 문자를 캡처해서 지금도 가끔씩 보곤 한다. 이 문자를 볼 때마다 벅차오르는 감정이 생기기 때문이다.

인생의 잊지 못할 순간을 뽑으라면 비서실 경력이 세 손가락 안에 들 것이다. 인생을 살면서 그 어느 때보다 최선을 다했고 또 최선을 다했지만 기대에 미치지 못한 결과에 좌절도 하면서 성장할 수 있었던 달콤 씁쓸한 순간이었기 때문이다.

자세히 이야기하자면 나는 홍보수석실의 뉴미디어 정책비서실 콘텐츠 운영, 기획, 제작 업무를 담당하게 됐다. 청와대 블로그, 유튜브, 페이스북, 트위터 등 SNS 운영 및 관리뿐만 아니라 업로드되는 콘텐츠를 기획하는 업무를 담당했다.

그렇다면 콘텐츠를 완성하기 위해서는 어떤 조력자가 필요할까? 바로 디자이너다. 내가 콘텐츠를 완성하기 위한 밑그림을 그렸다면 디자이너는 밑그림을 바탕으로 색칠하고 꾸미고 가다듬는 역할을 한다. 만약 디자이너에게 콘텐츠 제작을 맡겼는데 나의 기획이 잘못되어 다 완성된 콘텐츠를 수정하게 된다면 어떨까? 내가 들였던 노력과 시간뿐만 아니라 디자이너의 노력과 과정까지 물거품되는 것이다. 그래서 콘텐츠 제작 전에 기획안을 확인하고 피드백을 하는 선임이 존재한다. 그렇게 나는 콘텐츠 선임과 디자이너들과 업무를 하게 됐다.

언제 '좋아요'를 누르십니까?

대통령의 주요 일정, 해외 순방, 국가 정책, 국경일 등 국정 운영에 관련된 정보를 국민에게 알기 쉽게 전달하는 것. 그것이 내 업무의 핵심이었다.

페이스북을 통해 '한눈에 보는 주요 정책'이란 카드 뉴스를 봤다고 상상해보자. 뉴스에 쓰여 있는 정책이 집에 계신 어머니에게 더 맞는 혜택이라 자세히 읽어보게 된 것이다. 그 카드 뉴스를 읽어본 후 당신은 '좋아요' 버튼을 누를 것인가? 만약 도움이 됐다면 '좋아요' 뿐만 아니라 그 게시글을 공유해 친구, 지인들까지 알리고 싶어 할 것이다. 이렇듯 나의 업무는 국민에게 친근하게 다가가 콘텐츠의 접근성을 높여 국민의 알 권리를 충족시켜주는 것이었다.

전임자에게 인수인계를 받을 당시 청와대의 유튜브, 블로그를 비롯한 각종 SNS는 국민에게 좋은 호응을 이끌어 콘텐츠 노출 및 구독자 수가 꾸준히 증가하고 있었다. 그렇게 SNS가 성장하던 중 중요 회의 주제로 SNS 활성화 방안이 논의에 올랐다. 자유로운 회의 분위기 속에 다양한 의견이 오고 갔고 같은 업무를 하는 동기와 나는 회의가 끝나고 회의실에 남게 되었다. 생각이 비범하고 기획 업무에 열정적으로 임하는 자세에 내가 많이 따르곤 했던 동기였던 터라 의견 자문을 자주 구했다.

"어떻게 하면 청와대 SNS를 국민에게 활성화할 수 있을까?" 둘이 머리를 맞대고 한참을 고민하다 결론을 내렸다. 바로 전달력. 국민에게 도움이 되는 정책을 소개하는 콘텐츠를 만든다고 해도 의미가 정확히 전달되지 않는다면 팥 없는 붕어빵처럼 영양가 없는 콘텐츠가 된다고 생각했다.

말투 하나 바뀌었을 뿐인데

콘텐츠 전달력을 높이기 위한 프로젝트의 첫 단추는 문체였다. 국가 중요 기관이라는 특성상 콘텐츠나 콘텐츠를 설명하는 글들의 표현 방식이 다소 딱딱했다. 그 딱딱한 벽을 하나씩 허물기 위해 문체를 친근하고 자연스럽게 바꿔나가는 것이 중요하다고 생각했다.

이에 대해 선임들도 공감했고 한 번에 획기적인 변화가 아닌 한 문장씩 문체를 바꿔나가기 시작했다. SNS에 게재되는 설명글에는 친근함을 표현할 수 있는 이모티콘을 적극적으로 활용했고 블로그의 서문은 단순 정보전달이 아닌 역사적 에피소드, 최근 이슈 등을 다뤄 국민의 흥미를 이끌 수 있도록 기획하고 제작했다. 이러한 활동의 반응은 트위터에서 빛을 발했다. 문체를 바꾼 콘텐츠 게시글을 리트윗하는 사례가 증가했고 팔로워 증가에 가속이 붙기 시작했다.

문체를 바꿔 친근하게 다가가기 위한 발걸음을 뗐다면 이젠 국민이 직접 참여할 수 있는 '참여형 콘텐츠' 기획이 필요했다. 청와대 페이스북을 분석하는 과정에서 국민들이 게시물에 댓글로 참여하거나 콘텐츠 공유를 통한 조회수와 노출이 상당히 높았다. 이는 국민이 직접 참여하는 콘텐츠의 중요성을 시사했다.

참여형 콘텐츠 제작 목표를 세운 후 유명 광고 기획사의 페이스북 페이지를 빈틈없이 분석했고 트렌드한 콘텐츠들을 스크랩해 영감을 얻으려고 노력했다. 나는 새로운 정책이나 제도 등을 설명하거나 퀴즈를 내는 등 국민이 직접 참여해 게시물에 답변을 쓰거나 자신의 의견을 표현할 수 있도록 했고 이러한 참여형 콘텐츠들은 수많은 댓글로 이어졌다. 이전보다 게시물을 공유하는 건수도 증가하면서 콘텐츠의 활용도도 높아져 결국 콘텐츠의 유동이 활발해지는 계기가 된 것이다.

이러한 콘텐츠의 변화로 페이스북, 블로그, 트위터 등의 SNS의 팔로워가 확연하게 늘어났고 이러한 긍정의 효과는 자연스럽게 차기 유튜브 콘텐츠까지 이어졌다.

자신의 한계를 스스로 결정하지 마

2015년 당시에는 지금처럼 유튜브의 영향력이 크지 않았다. 세계적인 유튜브 성장 추세에 비해 한국에서는 유튜브의 성장이 막 시작한 정도였다. 하지만 유튜브의 성장 가능성을 예측했을 때 유튜브 콘텐츠에 대한 질적인 향상이 필요하다고 판단했다.

때마침 2015년은 6.25 65주년을 맞이하는 해였다. 6.25 참전 용사에게 감사함을 전하는 영상을 통해 정보 전달뿐만 아니라 감동을 전하는 영상을 제작하고 싶었다. 역사적 사실에 기반을 둔 정확한 자료가 필요했고 인터넷은 물론 관련 기관까지 모두 전화해 영상에 담길 내용을 확인하는 절차를 밟았다. 참전 용사들의 희생에 대한 감사함을 더 선명하게 전하기 위해 애니메이션 기법 영상을 기획했고 한 달이라는 제작 과정을 거쳐 영상을 완성했다. 다소 생소할 수도 있었지만 애니메이션 기법 영상은 구독자들의 많은 공유로 국민의 호응을 이끌어낼 수 있었고 6.25 참전 용사에 대한 감사함을 보내는 수많은 댓글로 이어졌다.

나는 직장 생활을 하면서 한계에 부딪치거나 의욕이 떨어져 업무 효율이 낮아지곤 할 때 청와대 근무할 당시를 떠올리곤 한다. 내가 당면한 과제에 대해서 안 될 이유를 찾기보단 어떻게든 문제를 해결해낼 방법에 대해 끊임없이 고민하고 돌파해냈던 그 때의 에너지를 얻기 위해서다.

인생을 살다 보면 내가 해결할 수 없는 문제라고 생각돼 포기하거나 시도조차 못 했던 일들이 분명히 있을 것이다. 하지만 해결할 수 없는 문제는 누가 정해준 것이 아니라 자신의 한계를 정하고 해결할 수 없는 문제라고 스스로 정의하는 것이다.

여러분은 어떠한가? 직장 생활을 하고 있다면 부장이 하는 일은 사원이 못한다고 생각하는가? 취업을 준비하고 있다면 당신의 역량으로는 그 기업에 합격할 수 없다고 생각하는가? 창업을 준비하고 있다면 10평 미만에서는 한 달 매출 1억의 기적을 못 이룰 것 같은가?

그렇지 않다. 끊임없이 될 수 있는 방법에 대해 고민하고 실행하라. 그 실행으로 인한 결과가 작고 미비하더라도 또 다른 계획과 실행을 할 수 있는 긍정의 에너지를 가져다줄 것이다.

서울우유 전국 마케팅 배틀 3위 달성

마케팅 배틀, 온몸에 엔도르핀이 퍼졌다

신상품이 나온다면 지나치는 편인가? 아니면 어떤 신상품이 나왔는지 궁금해서 자세히 살펴보는 편인가? 나는 후자에 속한다. 내가 좋아하는 브랜드의 신상품이 나오면 품질, 가격, 경쟁사 제품까지 세심하게 살펴보고 심지어 카카오톡의 이모티콘 신상품까지 관심 있게 보는 편이다. 단순히 신상품이 궁금한 것도 있지만 그 상품의 시장 트렌드는 어떠한지 디자인은 어떠한지 파악하는 것을 좋아한다.

경영정보학과로 전공을 옮기고 가장 궁금하던 마케팅 원론 강의를 듣게 됐다. 마케팅에 대한 전반적인 이론과 실무에 적용할 수 있는 사례에 대해 논의하고 기업 전략 계획과 사업 전략 계획에 맞는 마케팅 전략을 수립하는 내용에 대해 학습할 수 있었던 유익한 시간이었다. 교수님이 내준 과제를 수행할 때도 단지 과제 제출에 목적을 두지 않고 기업에서 실제 적용할 수 있는 마케팅 방안을 찾기 위해 고심했다. 그렇게 기말고사를 마치고 나니 A+ 학점을 받게 됐고 마케팅에 대해 좀 더 심도 있는 경험을 하고 싶다는 생각이 들었다.

전공 수업을 마친 어느 날, 책상에 앉아 노트북으로 인터넷 서핑을 하다 한 배너에서 나의 시선이 멈추었다. 바로 '전국 대학생 마케팅 배틀'. 온몸에 엔도르핀이 퍼지는 기분이 들었다.

서울우유 신상품 2종, '우리가 마케팅할게!'

곧바로 배너를 클릭했다. 서울우유에서 출시하는 신상품 2종을 가지고 팀을 꾸려 실무 마케팅을 진행하고 다른 팀들과 배틀하는 방식이었다. 마케팅을 실제로 배워보고 싶었고 마케팅 기획력을 증명하고 싶었던 나에겐 도전을 마다할 이유가 없었다. 게다가 순위에 들면 상금까지 준다니!

나의 도전은 바로 시작되었다. 팀을 꾸리기에 앞서 팀워크를 끌어올릴 팀원 구성에 대해 고민했다. 신상품을 가지고 마케팅을 진행하기 위해 가장 필요한 것은 STP(Segmentation Targeting

Positioning) 전략이라고 생각했다. 시대가 빠르게 변해가면서 기업 간 경쟁이 심화되고 고객의 욕구가 점차 세분화되고 있다. 따라서 신상품의 조기 정착을 위해서는 시장을 객관적 잣대로 분류하고 자사의 상품에 적합한 고객들을 정확히 분석해 적정한 상품을 제공하는 전략의 수립이 필요한 것이다. 즉 STP 전략을 수월히 수행할 수 있는 팀원의 구성이 필요했다.

전체적인 큰 그림은 팀장인 내가 그리고 고객과 시장의 트렌드를 분석할 수 있는 공모전 경력이 많은 경영학과 12학번 후배와 최근 기업들이 하고 있는 프로모션 경력이 많은 경영정보학과 10학번 후배, 누구보다 실행력이 좋아 팀에 활력이 되는 09학번 사회학과 동기까지 총 4명이 팀을 꾸렸다. 그렇게 약 30개 대학의 팀이 참석하게 됐고 마케팅 배틀은 시작됐다.

서울우유에서 출시한 단백질 함량을 높이고 기능 성분을 보강한 건강 에너지음료 2종. 배틀의 주제는 에너지 드링크 시장에 출사표를 던진 서울우유의 신상품 마케팅을 직접 하는 것이었고 활기찬 생활을 추구하는 젊은 현대인들을 타깃으로 한 상품이었다. 먼저 상품 분석부터 시장, 타깃 조사까지 여러 번의 회의를 거쳐 습득해갔다. 주 타깃인 2030 세대의 라이프스타일을 분석해 그들에게 매력적인 프로모션을 진행해야 했다.

절벽을 넘지 않고선 정상에 도착할 수 없다

우리 생각엔 2030 세대들은 기업들의 비슷비슷한 마케팅과 광고에 질려 있었고 신선하고 차별화된 프로모션 기획이 필요했다. 고객들에게 단순히 신상품을 설명하는 장황한 홍보 활동이 아닌 지금껏 경험하지 못한 특별한 마케팅 체험이 2030 세대들에게 적중할 것이라고 확신했다. 고객이 직·간접적으로 신상품을 접하며 신상품을 통해 유쾌한 경험을 한다면 이는 구매로 이어질 것이라고 생각했기 때문이었다.

이러한 프로모션을 하기 위해서는 신상품 약 1천 개가 필요했다. 신상품 가격이 한 개에 2천 원이라고 가정했을 때 1천 개는 약 2백만 원의 예산과 배송까지 생각하면 더 큰 비용이 들어가게 된다. 이를 협의하기 위해 지역의 서울우유 대리점과 협업을 진행하려고 했지만 비용과 시간문제로 협의가 쉽지 않았다.

또한 프로모션을 진행하면서 신상품 홍보의 본질을 흐릴 수 있다는 대리점의 반대 의견으로 협업 제안이 받아들여지지 않았다.

하지만 포기하지도 멈추지도 않았다. 처음에는 유선으로 신상품 출하와 비용 협의를 진행했으나 단번에 거절당했다. 그래서 직접 찾아가 프로모션 기획안에 관해 설명을 해보기도 했다. 하지만 협의의 도달점은 좁혀지지 않았다. 팀원들과 이대로 포기하지 않고 간략한 기획서를 따로 제작하여 기획 의도와 기대효과를 상세히 적어 이메일로 전송했다. 열 번 찍어 안 넘어가는 나무 없듯 우리의 제안도 마침내 통과되었다. 포기하지 않고 소신 있게 주장하며 물고 늘어진 결과였다.

오직 자신만의 색으로 승부하라

부스, 신상품, 운영 비용까지 전액 지원받을 수 있게 된 상황에서 본격적으로 프로모션을 준비했다. 먼저 프로모션 디데이를 알리는 티저 영상부터 프로모션 관련 포스터까지 제작했다.

특히 유튜브, 페이스북 계정 생성을 통해 홍보를 강화하고 관심을 유도하는 영상 제작 활동에 집중했다. 이와 함께 유쾌한 경험의 장이 될 수 있도록 프로모션 기획에 혼신의 힘을 기울였다. 국내외 유명 기획사, 마케팅 회사들의 프로모션을 벤치마킹하고 우리만의 색깔을 입히기 위해 밤잠을 지새우며 회의하고 기획했다. 그렇게 준비한 프로모션의 결과는 어땠을까?

시작 1시간 전부터 고객들이 찾아와 줄을 서고 있었다. 신속하게 부스를 마련하고 각종 프로모션 활동들을 시작했고 현장은 신상품을 궁금해하는 고객들로 넘쳐났다. 그렇게 성황리에 프로모션이 진행됐으며 서울우유 직원들도 직접 방문해 엄지를 치켜세우며 감탄과 감사를 보내고 갔다. 1천 개의 신상품은 예상 시간보다 훨씬 빠르게 조기 소진됐고 고객들의 후기 또한 페이스북을 가득 채웠다. 대박을 터트린 프로모션이 끝난 후 대학교 휴게실 자판기에 신상품 2종이 입고되는 계기가 됐고 입고 후 꾸준한 판매를 기록하며 신상품이 자리 잡을 수 있었다.

한 달의 마케팅 활동을 끝마치고 서울우유 본사에 삼십여 개의 대학교 대표들이 모였다. 프로모션의 차별화와 기획력에 높은 점수를 받은 우리 팀은 전국에서 3위를 할 수 있었고 지방대학으로는 최초의 수상이었다.

우리 팀이 수많은 경쟁 팀을 제치고 수상을 할 수 있었던 이유는 무엇일까? 바로 이기는 방법을 알고 끝까지 추진했기 때문이다. 이기는 확률을 극대화하기 위해 각자 맡은 역할을 충실히 수행할 수 있는 팀원들을 구성했다. 그리고 그 역량들을 최대한 발휘할 수 있도록 치밀하게 계획하고 확신을 가지고 목표 달성을 위해 달려왔기 때문이다.

모든 사람은 1가지 이상의 매력, 즉 장점을 갖고 있다. 요즘은 다 잘하는 사람보다는 1가지 분야에서 전문성을 지닌 사람이 더 경쟁력이 있다. 자신만의 이기는 방법을 갖고 경쟁력을 확보해야 한다.

집중해야 할 포인트를 찾아내는 힘

퇴근 시간이 늦어져도 행복했던 이유

"띵동~ 24번 고객님, 5번 창구로 오세요."

친절한 미소와 당찬 목소리로 고객을 창구로 부르는 바로 저 사람. 대학 시절 대외 활동을 통해 다양한 사람과 만나 교류하고 소통하는 것을 좋아했던 나는 고객과 접점에서 만나 금융의 도움을 줄 수 있는 은행원을 꿈꿨었다. 더 크게는 지역의 중소기업에 도움이 될 수 있는 금융상품을 개발하고 제공하는 지역 금융 전문가가 되고 싶었고 그 큰 그림은 기업은행 중소기업 창구에서 시작됐다. 대학교 4학년이 되어 기업은행 인턴으로 합격해 은행 실무 업무를 보게 된 것이다.

그러던 어느 날, 은행 마감 시간 10분 전인 15시 50분에 연말 정산에 필요한 공인인증서를 발급하지 못해 은행까지 찾아온 노부부를 창구에서 맞게 되었다. 일반적으로 은행은 16시부터 시재, 출납 등 본격적인 마감 업무가 시작되지만 나는 직접 구매한 USB에 공인인증서를 담고 사용법까지 손수 적어서 보내드리고 17시에 마감 업무를 시작했다.

다음 날 아침 노부부는 음료 2박스를 사서 지점으로 찾아와 감사하다며 몇 번이나 인사를 하셨다. 이러한 소소한 행복과 감동들이 지점 생활을 더욱 즐겁고 의미 있게 만들어줬다.

카드 유치 전쟁, 그 준비의 서막

평소와 같이 창구 업무를 보는데 지점장님께서 중요한 업무가 있다며 나를 불렀다. 군인들의 신분증 역할이자 군 봉급 입금 계좌로 쓰이고 있는 나라사랑카드 유치 프레젠테이션 대회가 있다는 것이다. 원래 나라사랑카드를 신한카드에서 발급하였으나 2016년 이후 IBK기업은행과 KB국민은행 두 은행 중 선택해 발급할 수 있게 되었다. 그래서 기존 신한 나라사랑카드를 소지한 현역들을 대상으로 프레젠테이션을 열어 IBK기업은행의 나라사랑카드 유치를 높일 수 있도록 기획하라는 것이었다.

이렇게 동료들과 함께 'IBK기업은행 나라사랑카드 대박 유치'

프로젝트가 시작되었다. 상대는 강력했다. KB국민은행. 디지털 자산 분야에서 선도적이었고 실속있는 자산관리 플랫폼과 인기 최정상을 달리는 연예인 이승기와 세계 피겨 퀸 김연아 선수를 광고모델로 내세웠다.

브랜드 인지도 면에서 최고인 메이저 은행을 상대하는 것이었기에 이에 대비해 철저한 준비가 안 된다면 눈앞에서 카드 유치를 놓치게 될 판이었다. 나는 먼저 타사 대비 60퍼센트 카드 유치를 목표로 프레젠테이션 디데이를 잡고 준비했다.

나만의 강점을 만들어서 승부하라

먼저 두 은행 카드의 혜택을 면밀히 분석했다. 어떤 이점이 있고 실질적으로 군인들에게 어느 카드가 혜택에 있어 실용적인지 냉철하게 분석했다. 이용하기 나름이었지만 IBK기업은행의 나라사랑카드를 기간별로 나눈 혜택에 대해 최대한 이해하기 쉽게 정리했다. 특히 혜택을 강조한 피켓을 만들었고 군인들의 세세한 궁금증까지 풀어줄 것을 대비해 내용을 충분히 숙지한 후, 핵심 혜택을 한눈에 볼 수 있게 A4 크기의 홍보물을 제작해 넉넉히 준비했다. 그렇게 만반의 준비를 마치고 군부대 프레젠테이션 날이 다가왔다.

역시나 타사의 스케일은 어마어마했다. 대형 피켓은 물론 이승기와 김연아를 광고모델로 한 대형 포스터, 프레젠테이션을 위해 투입된 인력도 3배 이상으로 북적북적했다.

압도당할 만큼의 홍보물과 대형 포스터로 당황스러웠지만 우리가 준비한 것들로 실질적인 혜택을 보여준다면 충분한 승률이 있을 것이라고 확신했다. 열기가 넘치는 양쪽의 프레젠테이션이 끝나고 곳곳에서 작은 프레젠테이션이 열리기 시작했다. 군인들이 궁금한 점을 물어보기 시작하면서 강당 안에서 3~4곳의 작은 프레젠테이션이 열린 것이다. 각 카드의 장점과 혜택, 전역 후 사용할 수 있는 점에 대해 충분히 설명하고 카드의 혜택을 어필하는 시간이었다.

이 작은 프레젠테이션의 영향력은 대단했다. 군인들이 피켓에 정리된 혜택을 자세히 살펴보고 궁금한 점을 물어보기 시작하면서 점점 몰리기 시작했다. 우리의 준비가 빛을 보는 순간이었다. 그렇게 제2의 작은 프레젠테이션이 끝났고 남은 건 군인들의 선택뿐이었다. 결과는 어떻게 됐을까?

60퍼센트에 임박하는 카드 유치! 성공적이었다. 군인들에게 인터뷰를 진행해보니 "실질적인 혜택이 더 있는 것 같다", "작은 프레젠테이션에서 궁금한 게 해결되어서 선택하게 됐다" 등 좋은 반응을 들을 수 있었다. 물론 타사의 프레젠테이션과 홍보물도 훌륭했지만 간결하게 핵심만 적은 피켓과 홍보물, 군인들의 상황과 입장을 헤아린 설명력이 결정의 순간 임팩트 있는 역할을 한 것이다. 다른 부대에서도 성공적으로 카드 유치를 마치고 지점으로 복귀했다. 과정도 결과도 좋았기에 지점의 모든 분이 반겨주셨다.

며칠 후 동기들이 다 같이 모여 교육을 받던 날, 프레젠테이션 유치 성공 체험을 동기들에게 소개하고 싶었다. 어려운 환경에서의 준비 과정이었지만 치밀한 계획을 바탕으로 한 성공 체험을 소개하며 동기들의 박수와 공감을 받을 수 있었다.

나만의 승률을 높이는 방법

만약 타사의 압도적인 광고, 브랜드 이미지에 한계를 느끼고 아무런 준비도 하지 않고 프레젠테이션을 맞이했다면 결과는 어땠을까? 분명 결과에 큰 영향이 있었을 것이다.

나는 지피지기 백전백승이란 말을 좋아한다. 여기서 중요한 것은 상대방이 아닌 자기가 자신에 대해 잘 알고 본인이 잘할 수 있는 것을 상황에 맞게 활용한다면 승률은 올라간다는 것이다. 질 수도 있다. 하지만 쉽게 지지 않을 것이다.

인생을 살다 보면 어려운 과제들이 노크도 없이 문을 열 것이다. 과제를 해결하기 위해 어떻게 해야 할까? 24시간을 다 투자해야 할까? 아니다. 내가 잘할 수 있는 것에 고도의 집중력을 발휘해야 한다. 집중해야 할 포인트를 캐치하고 자신만의 이길 수 있는 방법으로 소신 있게 밀고 나가면 된다.

어두워서 보이지 않던 터널에서도 끝으로 갈수록 희망의 빛을 볼 수 있을 것이다. 빛이 보이기 시작한 순간, 그 일의 속도엔 가속이 붙을 것이다. 집중해야 할 포인트를 찾고, 끝까지 실행해 보자. 지금 당장, 뭐든 좋다!

나만의 무기를 어떻게 활용할 것인가

은행원 준비만 3년

• 신한은행 대학생 홍보대사 대전/충청 지역장

• IBK기업은행 우수 인턴

• 국민은행 KB스타즈 홍보대사

• 은행텔러 자격증

GS리테일에 합격하기 전, 나의 대학생 시절 경력이다. 누가 봐도 금융업계 취업을 위한 스펙이다. 앞서 말한 것처럼 저마다 각별한 목표와 계획을 세우고 은행을 찾는 고객들 모두에게 적절한 해결책을 제안하는 은행원이 되고 싶었기 때문이다.

평소 나는 상대방의 말을 잘 경청하는 편이다. 내 성격의 큰 장점이기도 한데 이런 성격을 바탕으로 고객의 사소한 고민까지 듣고 신속하고 정확한 상담을 해줄 자신이 있었다. 그렇게 대학 3년 동안 은행에 취업하기 위한 경력을 쌓았고 자격증을 땄으며 관련 전공 수업을 이수하면서 큰 그림을 그려나갔다. 그러나 나는 4학년이 되면서 희망 직무를 바꿨다. 하지만 내가 3년 동안 준비한 이력을 과감히 포기한 데는 그만한 이유가 있었다.

좋아하는 것 vs 잘하는 것

취업의 최전선에 있는 4학년이 되니 그저 이상만 가득하던 꿈들에 대해 현실적인 고민을 할 수밖에 없었다. 나에게 은행원이 되어 친절하게 고객을 상담하고 응대하는 것은 좋아하는 것이었다. 하지만 실제로 4학년이 되어 대통령 비서실 기획 업무, 한국존슨앤드존슨 품질관리 부서, 기업은행 기업창구 업무를 경험해 보니 내가 잘할 수 있는 일에 집중하고 성과를 창출하는 것에 보람과 성취감을 더 느낄 수 있었다.

나는 파티션이 설치된 사무실이나 창구 등에 앉아서 업무를 하는 것보다 현장에서 목소리를 듣고 뛰면서 문제해결을 하는 업무에 더 자신이 있었다. 결국 나는 좋아하는 것보다 잘하는 것을 과감히 선택하고 내가 잘하는 직무 리스트를 생각해봤다.

3가지가 추려졌다. 마케팅, 기획, 영업 관리. 3년 동안의 경력은 물거품이 됐지만 하나도 아쉽지 않았다. 내가 잘하는 것을 정확히 알고 있었고 그것에 집중하는 것이 앞으로의 사회생활을 더 만족하게 할 것이라고 확신했기 때문이다. 그래서 나는 GS리테일의 영업 관리 직무에 지원했다. 그렇게 새롭게 꾼 꿈의 기업에 입사하고 하고 싶던 직무에 몸을 담게 된 것이다.

인생은 선택의 연속이다. 선택하기 전에 충분한 고민을 하지 않고 늘 하던 대로 결정을 한다면 앞으로의 10년, 더 길게는 인생 자체가 어떻게 달라질지, 무엇을 하면서 살고 있을지 알 수 없게 된다. 중요한 결정을 하기 앞서서 자신을 돌아보고 최선의 선택을 할 수 있도록 충분히 고민하는 시간을 가져야 한다. 그래야 내가 이끌어가는 미래를 만들 수 있음을 명심해야 한다.

판매량이 급증한 이유

GS리테일에 입사 후 기초 직무 과정을 거치고 본격적인 영업 관리 직무를 위한 편의점 사업부 영업팀에 발령받았다. 처음 들어간 영업팀은 운이 좋게도 문제해결 능력은 물론 팀워크가 잘 맞는 팀이었다. 각 팀원은 담당하고 있는 업무에 맞게 주차별 실행 사항을 리스트업하고 이를 데이터에 기반해 피드백을 받았다. 서로 맡아야 할 업무를 선택하고 거기에 집중함으로써 목표 달성을 위한 발판을 마련했다. 나는 첫 발령이었기에 무게감 있는 업무보다는 팀원들을 서포트하고 기본적인 업무를 담당하게 됐다. 그중에서도 홍보물을 담당했는데 여기서 내가 집중한 부분은 경쟁점과 차별화되는 포인트를 찾는 일이었다. 단순히 상품을 홍보하는 단순한 정보전달의 가치를 넘어 고객에게 재미를 주고 눈길을 끌 수 있는 다양한 장치를 활용했다.

폰트, 색의 조합, 적절한 크기, 이슈되고 있는 키워드 등을 활용해 점포 상황에 맞게 맞춤형으로 홍보물을 제작했다. 내가 제작한 홍보물을 처음 접한 팀원들은 다소 놀란 반응이었다. 단순히 정보만 적혀 있던 홍보물에서 사이즈별 이미지, 폰트, 색들이 조합된 홍보물은 다소 생소했기 때문이었다.

내가 만든 홍보물을 배포하자 놀라운 반응이 일어났다. 기존 판매량에서 적게는 10퍼센트, 많게는 50퍼센트 이상 판매량이 급증한 것이다. 데이터 검증은 물론 홍보물을 본 고객들의 반응도 '신선하다', '눈에 확 들어온다', '구매하고 싶게 만든다' 등의 충분한 이슈를 끌 수 있었다. 작은 홍보물 한 장의 차이가 매출의 10~50퍼센트를 결정짓는다는 신기한 직무 경험을 하게 된 것이다. 나는 자신감이 붙어 이후에도 홍보물을 만들어 구성원들에게 메일로 공유하기도 하면서 매출 활성화를 이끌었다.

나의 장점이 무엇인지 정확히 파악하고 이를 적용할 곳을 찾아 활용해보길 권장한다. 그리고 그 장점을 활용하면서 기존의 틀을 깨는 다양한 도전을 함께하면 더 좋다.

데이터 분석이 핵심

영업 관리 직무는 매출, 상권, 고객 등의 데이터를 받아 이를 재가공해 보기 좋고 활용하기 좋게 편집하는 능력이 요구된다. 지금은 정보화의 시대이기 때문에 수많은 데이터가 넘쳐나고 있지만 적절한 데이터를 선택해 상황에 맞게 어떻게 가공하고 활용하느냐에 따라 데이터의 가치가 달라진다. 모든 직무가 마찬가지다. 상권, 상품, 고객의 데이터를 가공해 어떻게 활용하느냐에 따라 매출 활성화 전략이 달라질 수 있다.

업무를 하면서 나는 상권, 점포에 최적화된 데이터를 직접 가공해 차별화된 편의점 만들기와 실수익에 도움 되는 활동을 지속해왔다. 주택가 상권의 편의점이지만 상권이 비슷한 유사 편의점에 비해 생수의 매출이 낮은 것을 파악했고 원인 분석을 위해 점포에서 진열, 상품 구색, 홍보물 등을 확인하다 보니 진열 위치가 다소 부적절하다는 것과 생수의 번들 판매가 한 종류로만 진행되고 있는 점을 파악할 수 있었다.

생수 매출 회복을 위해 점포에서 취급하고 있지 않은 상품 중 매출이 우수한 상품의 발주를 권장하고 근접 경쟁점에서 취급하지 않는 차별화 상품의 구색을 확보했다. 고객의 입장에서 생각해보면 번들로 구매했을 때 할인율이 강조된 홍보물을 제작하고 생수를 고객의 눈에 가장 잘 보이는 위치에 진열했다. 그리고 판매, 발주량이 변화할 때마다 꾸준히 판매 데이터를 제공하고 피드백을 공유했다.

꼴찌와 1등은 종이 한 장 차이

데이터를 기반으로 진열, 홍보물, 상품을 바꾼 결과는 어떻게 됐을까? 생수 매출의 250퍼센트 이상 신장! 유사 상권에서 생수의 매출이 가장 낮은 점포에서 생수 고매출 편의점이 된 것이다. 이러한 활동은 매출 상승이라는 성공 체험을 제공함으로써 점포 운영에 대해 긍정적인 영향을 줄 뿐만 아니라 매출 증가를 위한 자발적인 활동들로 이어져 선순환의 구조로 연결된다.

사람은 1가지 분야 이상의 재능과 역량을 가지고 있다. 간혹 자신의 장점이나 잘하는 것을 모르는 경우가 있다. 더 정확하게 얘기하면 자신의 장점을 잘 알고 있지만 활용하지 못하는 사람들이 더 많다.

경쟁이 더욱 치열해지는 현대사회를 살아가는 우리에게 자신만의 무기는 필수다. 자신이 잘하는 분야를 알고 있다면 그다음은 이 강점을 적용하는 것이다. 승부처는 이를 드러내느냐 숨겨놓느냐에 있다.

실패의 쓴맛은 한 번으로 족하다

진짜 위기는 위기를 모르는 위기다

"진짜 위기는 위기인데도 불구하고 위기인지 모르는 것이다. 그보다 더 큰 위기는 위기인지 알면서도 아무것도 하지 않는 것이다. 위기인지 알면서도 아무것도 하지 않으면서 나 혼자 살려고 하는 것. 바로 그것이 우리에게 닥친 가장 큰 위기다."

나는 이 대사를 가슴 한 곳에 넣어두고 실패했거나 위기에 닥쳤을 때 꺼내 마음을 다잡곤 한다. 이 대사는 대한민국의 대표 MC인 유재석이 한 말이다. 인생을 살다 보면 누구에게나 크고 작은 위기의 순간들이 올 것이다. 위기가 오는 자체를 우리가 막을 순 없지만 다가오는 위기를 있는 그대로 둘 것인지 아니면 위기를 성장의 발판으로 삼아 새로운 기회를 만들어낼지는 위기를 대처하는 자세에 따라 달라질 수 있다.

즉 위기를 잘 대처하면 한발 더 나아갈 수 있는 계기가 될 수 있고 인생의 새로운 장이 열리는 순간이 될 수도 있다. 각자 다 상황이나 성향 등에 따라 다르지만 보통 위기는 실패를 한 후에 찾아오는 경우가 많다. 잠까지 줄여가며 소중한 시간을 투자하고 온 힘을 다해 준비해온 시험에서 낙방이라는 실패가 가져다 주는 쓰라림과 허탈함 그리고 자신감의 하락은 말로 표현하기 힘들다.

보통 자신이 이루기로 한 목표에 미달하게 되면 "나의 능력에는 한계가 있구나. 이렇게까지 노력했는데 안 되는 걸 보니 다른 길을 찾아야지"라는 생각을 주로 할 것이다. 그러면서 자신감을 상실하게 되고 다시 할 수 있는 실패를 두려워하며 자신의 레이스를 종료하곤 한다.

실패의 맛이 달고 쓰고는 당신이 결정해!

성공의 반대말은 실패가 아니라 도전하지 않는 것이다. 즉 실패를 반복하는 도전의 과정이 있어야 성공을 할 수 있다는 말로 바꿔 말할 수 있다. 실패를 괘념치 말라는 말이 아니라 왜 실패를 했는지 철저히 분석해 같은 실수와 행동들을 반복하지 않기 위한 과정이 필요하다는 말이다. 실패의 원인에서 도출할 수 있는 개선점을 마련하고 고민하는 시간이 필요하다.

어떤 일이 되었든 실패하는 데에는 3가지 이상의 원인이 존재한다. 원인은 스스로 파악할 수도 있고 오히려 스스로 발견하지 못하는 외부적 원인에서 존재할 수도 있다.

예를 들어 자신은 별다르게 생각하지 않았지만 반복적인 프로세스에서 오는 패턴과 익숙하게 해오던 행동들이 결정적인 실패의 원인이 되기도 한다. 그래서 실패의 원인을 파악할 때는 반드시 타인과 상호 피드백 시간을 갖는 것이 중요하다.

비슷한 역량을 가진 두 사람이 목표 달성을 하는 데 있어 한 사람은 정해진 목표 달성 기간을 준수해 성공을 맛보지만 한 사람은 실패를 경험하기도 한다. 실패한 한 사람에겐 역량이 부족한 것이 아니라 실패할 수밖에 없었던 최소 3가지 이유가 있었을 것이다. 이 3가지 실패의 원인을 파악하고 개선점을 마련해 다시 도전한다면 조금은 느리지만 목표를 달성하게 될 것이다.

놀랍게도 먼저 목표 달성을 한 사람보다 더 뛰어난 역량을 갖게 되고 다른 미션을 더 훌륭하게 수행하기도 한다. 실패의 원인을 철저히 분석해 마련된 개선점들을 활용하기 때문에 일의 효율은 올라가고 이로 인한 자신감이 목표 달성 추진력에 박차를 가하기 때문이다.

한화의 신입사원이 될 수 있었을까?

각별히 관심이 기업이 있는가? 나에게 가장 좋아하는 기업 3곳을 뽑으라면 LG, GS, 한화를 뽑을 것이다. 그중에서도 한화를 좋아하게 된 계기는 야구다. 한화이글스라는 야구팀을 응원하기 시작하면서 한화의 사회 공헌 활동과 같은 기업활동에 관심을 두기 시작했다. 그렇게 한화라는 기업에 관심이 깊어지면서 어느덧 한화의 신입사원이 되고 싶었다.

4학년이 되어 취업을 위해 원서를 접수할 때 유통회사의 영업 관리 직무와 한화의 주력 계열사의 기획 직무에 지원했다. 한화의 주력 계열사의 기획 업무를 담당하는 꿈을 꾸면서 1차 서류 접수를 준비했다. 인턴 경력으로 기획 업무를 전문적으로 실행할 수 있는 역량과 구체적인 직무 계획들을 최대한 녹여 장점을 살리기 위해 노력했다. 놀랍게도 1차 서류 전형에 합격하게 됐다.

하지만 문제는 면접이었다. 면접 스터디를 통해 수많은 실전 연습을 했지만 공채 면접은 처음이었기 때문이다. 대외 활동과 인턴 면접으로 몇 번의 면접 경험이 있었지만 공채 면접은 간절함과 경쟁률 자체가 달랐기 때문에 차별화된 면접 준비가 필요했다. 그리고 1차 면접 안내문을 살펴보던 중 나는 번뜩이는 것을 발견했다. 자신을 PR할 수 있는 PPT를 선택적으로 제출할 수 있다는 것이었다. 나의 1차 면접 무기는 바로 이거라고 생각했다. 정확히 통했다. 내가 생각했을 때 내 면접을 점수로 따지자면 100점 만점에 80점 정도였는데, 마지막에 PR PPT로 자체 제작 영상과 포트폴리오로 카운터펀치를 날렸다. 나의 첫 1차 면접은 성공적이었다. 그리고 마지막 2차 면접.

내 생애 첫 공채, 첫 면접은 물 흐르듯이 막힘이 없었다. 그래서였을까. 자신감은 하늘을 찔렀고 2차 면접을 보지도 않았지만 최종 합격한 것처럼 마음은 방방 떠 있었다. 하지만 최종 면접을 준비하는 기간은 짧았다. 준비 기간은 일주일 안팎. 그럼에도 1차 면접처럼 긴장감과 간절함은 찾아볼 수 없었고 들뜬 기분에 마음을 잡지 못했다. 1차 면접처럼 자신감 있게 말하고 대답하면 통할 것이라고 생각했다.

드디어 2차 임원진 최종 면접 D-day. 결론부터 얘기하면 첫 질문부터 막혔다. 1차 면접과는 차원이 다른 심층적인 질문들이 쏟아졌고 최대한 머리를 굴리며 둘러대기 바빴다. 지금 다시 생각해도 여유가 하나도 없었다. 그렇게 꼬이기 시작하니 자신 있게 준비한 지원 동기, 포부와 같은 예상 질문도 시원하게 답변하지 못했다. 정말 어렵게 올라간 최종 면접이었지만 말 한번 제대로 못한 것이다. 한 명 모집이라는 바늘 구멍을 뚫고 당당히 서류, 1차 면접은 통과했지만 결과는 최종 면접 불합격 통보였다.

실패가 만든 인생의 터닝 포인트

불합격 문자를 받은 날 나는 멍하니 5시간을 책상에 앉아 있었다. 다 된 밥상을 뒤엎은 기분이 들었다. 하지만 나는 다음 날 다시 정신을 붙잡고 불합격한 이유를 적기 시작했다. 그렇게 적힌 내용을 보니 큰 글씨로 3가지가 적혀 있었다.

- 심층, 압박 면접 대비 연습 부족
- 충분하지 못한 기업 직무 조사
- 되찾지 못한 자신감

내가 적은 실패의 원인 3가지가 불합격에 큰 영향을 미쳤다. 그리고 바로 다음 날 면접 스터디원을 직접 모집했고 같은 실수를 반복하지 않기 위해 연습하고 또 연습하고 자기 전까지 연습했다.

그 후 GS리테일 영업 관리 직무에 지원했고 서류 전형에 합격한 후, 나의 눈빛은 달라졌다. 1차 면접에 대비하면서 밤, 낮을 가리지 않고 면접을 준비했다. 실패의 쓴맛을 봐서일까. 그 쓴맛을 다시 보고 싶지 않았고, 같은 실수를 반복하지 않기 위한 마음가짐부터가 달랐다. 면접을 같이 준비하는 스터디원들도 한목소리로 눈빛이 달라졌고 간절함의 차이가 느껴진다고 말했다.

1차 면접은 수없이 면접을 연습한 나의 모습 그대로를 보여줬고 당당히 합격 통지서를 받을 수 있었다. 그리고 실패의 참맛을 봤던 2차 임원진 면접. 먼저 관련 서적과 인터넷을 샅샅이 찾아가며 기업과 직무 조사를 끝냈다. 그리고 관련 실무자를 직접 만나 인터뷰했고 내가 가진 역량들을 강조하기 위해 수많은 면접 시뮬레이션을 했다.

특히 면접 중간에 당황하지 않기 위해 스피치 연습과 함께 모의 면접을 하면서 닥칠 수 있는 면접 상황에도 대비했다. 절대 자만하지 않고, 실수를 줄이기 위해 철저하게 준비했다. 그렇게 2차 임원진 면접 당일. 준비했던 예상 질문이 나오자 자신감 있게 답변할 수 있었고 압박 면접에도 당황하지 않고 연습한 대로 차분하게 대처했다.

결과는 최종 합격이었다. 만약 내가 실패를 경험하지 않았다면? 만약 내가 이전 면접 실패의 원인을 철저히 분석하지 않고 그냥 시간을 흘려보냈다면? 내가 좋아하는 기업에 입사는커녕 원하지 않는 기업에 취직했을 수도 있다. 그리고 수많은 시행착오를 겪으며 좌절하고 실패를 반복했을지도 모른다.

그러니깐 실패했다고 좌절할 필요 없다. 그 실패가 당신의 인생을 바꿔줄 터닝 포인트가 될 수 있다. 정확히 말하면 당신이 그렇게 만들 수 있다. 단 실패 후 어떻게 대처하느냐에 따라 그 실패가 당신의 인생에 황금빛 터닝 포인트가 될지, 좌절로 가는 터닝 포인트가 될지 달라질 수 있다.

중국인들에게
우리나라 찐빵을 어필하다

겨울철 찐빵 상륙 작전

겨울철 대표 편의점 음식을 생각하면 무엇이 떠오르는가? 많은 사람들이 찐빵이라고 대답할 것이다. 추운 겨울, 누구나 김이 모락모락 나는 찐빵을 호호 불면서 추위를 달랬던 기억이 한 번씩은 있을 것이다. 내가 속한 편의점 사업부 영업팀은 찐빵 출시에 대비해 사전 준비를 철저히 하여 고객의 유입을 최대한 이끌고 이로 인해 매출 향상의 기회를 만들기 위해 일명 '찐빵 상륙 작전'을 준비했다.

찐빵을 많이 발주해서 판매하자는 단순한 계획이 아닌 전략적 사고를 바탕으로 한 치밀한 계획이 선행되어야 했다. 특히 상권별로 철저히 고객을 분석했고 상권 맞춤형 대응 방안을 마련했다. 상권 유형을 고려하지 않은 발주와 진열은 과다한 폐기로 이어지고 과다 폐기로 인해 지속적인 판매가 유지되지 않기 때문이다.

이러한 악순환이 발생하지 않기 위해서는 시간이 들더라도 이전 데이터를 분석하여 정확한 발주 수량을 산정해야 했다.

편의점 진열에도 동선이 있고 원칙이 있다

이 모든 준비는 찐빵 출시 전부터 이루어졌다. 이젠 잘 판매될 수 있도록 상권별 진열을 확인할 차례! 고객 이동 동선을 고려하여 쉽게 구매할 수 있는 위치를 선정하고 최적의 진열이 될 수 있도록 변경했다. 단순한 진열이 아닌 상황을 고려한 분석적인 접근법이 필요했던 것이다. 어떤 사람들은 "편의점 진열이 다 거기서 거기지 뭐"라며 말할 수도 있지만 진열, 발주, 홍보물 등의 여부에 따라 판매량이 천차만별이다.

대충이라는 단어를 생각하지 않고 모든 업무를 전략적으로 접근했다. 감이 아닌 철저한 분석을 통한 업무를 해야 불필요한 낭비를 초래하지 않고 집중해야 할 업무에 시간을 투자할 수 있기 때문이다. 그래서 찐빵 출시 전 발주, 진열, 상권 등을 고려한 사전 전략을 마련했고 단계적으로 실행했던 것이다.

찐빵 상륙 작전은 꾸준한 매출과 발주로 이어졌고, 성공을 거두었다. 꾸준한 찐빵 매출이 발생하던 어느 날, 충청북도 중국인 유학생 페스티벌 행사 부스에 참여할 수 있는 기회가 오게 됐다.

한국에서 맛보는 중국식 고기만두로 승부하다

페스티벌 소식을 듣자마자 단순히 중국인 유학생 페스티벌에 참석한다는 생각보다는 이 기회를 잘 활용해 찐빵의 매출을 활성화할 기회로 만들어야겠다고 생각했다.

이에 대비하여 자료를 조사하던 중, 중국인들이 한국의 찐빵과 비슷한 빠오즈라는 중국식 고기만두를 많이 먹는다는 사실을 알게 됐다. 마침 빠오즈와 유사한 상품이 출시됐고, 이를 전략적으로 활용해보기로 했다. 중국인 유학생 페스티벌은 타국에서 온 중국 유학생들이 모여 먹거리, 공연 등을 즐기기 때문에 출시된 상품을 전략적으로 판매한다면 충분한 매출을 달성할 수 있을 것이라고 확신했다.

중국인들의 입장에서 한국식 찐빵 기기에 중국 고기만두인 빠오즈를 돌려서 제공한다면 신선한 체험이 될 수 있을 것 같았다. 그래서 중국어로 적어 홍보물을 제작했고 실제 중국의 빠오즈 이미지를 홍보물에 넣어 중국인들의 이목을 끌 수 있도록 제작했다. 또한 중국인들이 차를 즐기는 문화가 있기 때문에 빠오즈와 함께 마실 수 있는 차 음료를 준비해 연관 매출이 발생할 수 있도록 상품을 구비했다. 다소 생소할 수 있는 결제 방식에 대해 중국어로 설명된 피켓을 만들고 행사 부스 여러 곳에 부착했다. 마지막으로 간단한 중국어 회화가 가능한 근무자를 배치하여 의사소통에 문제가 없도록 만반의 준비를 마쳤다.

예상대로 불티나게 빠오즈가 팔려나갔다. 중국인들은 고향 생각이 난다며 주변 친구들을 데려와서 먹기도 했고 한국식 찐빵 기기에 빠오즈가 돌아가는 모습을 카메라에 담으며 즐거워했다. 미리 제작된 중국어로 설명된 결제 방식과 홍보물은 혼선을 최소화했고 멀리서도 보일 수 있도록 제작되어 홍보 효과도 좋았다. 모든 결과는 전략적 준비에서부터 시작된 것이다.

주먹구구식으로 준비하는 것이 아닌 사전 조사와 인터뷰를 통해 철저하게 준비한 결과다. 이러한 업무 방식은 일의 효율을 높일 뿐만 아니라 최상의 결과를 이끌어오는 데 큰 도움이 된다.

전략적 사고의 힘

전략적 사고를 바탕으로 철저하게 계획하고 실행한 '찐빵 상륙 작전'. 전국의 여러 팀 중에서도 압도적인 찐빵 판매율을 보이며 포상까지 받게 됐다. 점포에서는 찐빵 매출 증대로 기록했고 더 나아가 신상품의 적극적 도입으로 이어졌다.

모든 성과는 철저한 목표와 계획 그리고 목표 달성을 위한 실행들로 이루어진다. 이에 전략적인 사고와 실행력이 덧붙여진다면 압도적인 성과가 창출된다. 모든 일의 이치는 똑같다. 남들과 똑같은 방식으로 문제해결을 하면 비슷한 결과가 나오고 남들보다 효율적이고 체계적인 방법으로 준비한다면 그 이상의 성과가 나온다.

실행에 앞서 철저한 사전 준비는 효율을 높이며 목표 달성에 드는 시간도 단축시킨다. 전략적 사고를 통해 준비하고 실행력을 높이는 행동 습관이 중요한 이유다.

3만 원으로 간 제주도 여행, 3천 원이 남다

"돈가스 한 접시 주실 수 있나요?"

"내일 떠나자!"

지글지글 끓는 김치찌개에 소주 한잔을 기울이고 있는 두 청년이 입을 모아 한 외침. 군대 전역 후 삶의 활력도 의욕도 목표도 없이 시간이 흘러간다는 것에 공감한 두 청년은 8시간 뒤 무작정 청주 공항으로 갔다. 준비물은 짐을 담을 여행용 가방도 카메라도 아니었다.

그저 가방에 2인용 텐트를 잘 접어넣고 단돈 20만 원을 들고 제주도로 향했다. 비행기 왕복권을 끊고 나니 남은 돈은 단돈 3만 원. 결제할 카드도 비상금도 없었다. 그냥 무작정 간 것이다. 어떻게든 헤쳐나가자 이 마음가짐만 믿고 비행기에 올랐다. 그렇다. 출발 하루 전에 소주 한잔을 기울이면서 무전여행을 기획한 것이다.

제주도에 도착해 비행기에서 내리자마자 어떻게 해야 될지 몰랐다. 공항 앞에는 수많은 택시가 있었지만 남은 돈은 3만 원이었기에 버스에 올라타 목적지도 없이 버스가 가는 곳으로 갔고 가장 많은 사람이 내린 함덕 해수욕장 버스정류장에서 친구와 함께 내렸다. 많은 사람이 수영을 즐기고 있었고 우리도 같이 뛰어들어 수영을 즐겼다.

그렇게 몇 시간 즐기다 보니 배가 고파왔다. 그때부터 친구와 나는 무인도에 단둘이 떨어졌다고 생각하고 이 상황들을 돌파하기로 마음먹었다. 그때의 나는 부끄러움도 많고 남 앞에서 당당하게 말 한마디 하는 것도 멈칫할 정도로 자신감이 없었지만 친구와 나는 입을 맞춰 "야! 이때 아니면, 언제 해보겠어?" 하면서 사람들이 바글바글한 식당으로 들어갔다. 식당에 들어가서 사장님을 찾아가 던진 첫 마디는 이거였다.

"사장님, 설거지나 청소 뭐든지 시켜주시고 대신 돈가스 한 접시 주실 수 있나요? 저희는 청주에서 온 이광민, 김OO이고요. 제주도에서 4박 5일간 무전여행에 도전하는 중입니다."

내가 말하고도 자신감 넘치고 당당한 모습이었다. 약 3초간 정적이 흐른 뒤 사장님은 활짝 웃으면서 "젊은 청년들이 이래야지! 그래, 어여 들어와서 설거지 좀 부탁해요. 다른 한 분은 고객들 기다리니까 테이블 좀 치워주세요"라고 흔쾌히 대답해주셨다. 그렇게 우리는 저녁 피크 시간인 8시까지 그릇을 닦고 치우면서 식당의 일을 도왔다. 그렇게 마무리를 하고 친구와 테이블에 마주 보고 앉아 벅차오르는 무언가를 느끼고 있음을 서로의 눈빛을 통해 알 수 있었다. 잠시 후 김이 모락모락 나는 돈가스와 우동을 대접해주신 사장님. 그때의 돈가스 맛은 지금까지 아른거린다. 입으로 들어가는지 코로 들어가는지 모를 만큼 정말 맛있게 먹었던 기억이 난다.

이번엔 게스트 하우스

그렇게 식당에서 나오니 9시. 잘 곳이 없었다. 2인용 텐트를 가지고 왔지만 그날은 바람이 많이 불어 야외 취침은 불가능하다고 판단했다. 이번엔 게스트 하우스에 도전했다. 무작정 근처 게스트 하우스에 연락을 돌려 제안했다.

"저희는 청주에서 온 20대 청년들입니다. 하룻밤 재워주시면 숙식의 대가로 내일 아침 전 객실의 이불 빨래와 대청소를 하겠습니다."

하지만 3곳에서 매몰차게 거절당했고 4번째로 전화한 젊은 사장님께서 "우리 이불 좀 많은데 괜찮아요?"라며 오늘은 객실 여유가 좀 있으니 오라는 얘기를 하셨다. 다행히 식당과 거리가 멀지 않아 약 30분을 걸어서 게스트 하우스로 향했다. 사장님께선 환하게 웃으면서 나와 친구를 반겨주셨다. 이렇게 전화 온 적은 처음이라며 우리 둘의 얼굴이 궁금하기도 했다며 따뜻한 차로 맞아주셨다. 차를 마시며 휴게실에서 추위를 녹이던 중 여행을 온 다른 30대 남성 두 분과 인사를 나누게 되었다. 그분들은 제주도에서 감귤 농장을 운영하고 있는데 게스트 하우스를 운영하고 싶어 게스트 하우스 투어를 다니고 있는 중이라고 했다.

그렇게 서로 인생 사는 얘기, 어려웠지만 수많은 도전으로 감귤 농장을 성공시킨 일화 등 시간 가는 줄 모르고 밤새 이야기꽃을 피웠다. 다음 날 우리는 새벽 6시에 일어나 게스트 하우스 외부 청소를 시작하고 게스트가 1~2명씩 나가기 시작하면서 이불 빨래를 시작했다. 10시까지 이불 빨래와 청소를 마치고 나갈 준비를 하던 중 감귤 농장 사장님 두 분께서 말을 걸어왔다.

"청년들 보니깐 예전 생각이 많이 나네. 혹시 오늘 일정 없으면 우리 농장 가서 감귤 따볼래? 2시간 정도 도와주면 제주도 현지 맛있는 음식으로 대접할게!"

우리는 마다할 이유가 없었다. 그렇게 찾아간 농장은 정말 거대했다. 감귤 수확 일을 2시간 정도 하고 맛있는 음식까지 먹을 수 있었고 직접 수확한 감귤 1박스를 집으로 보내라며 택배까지 챙겨주셨다. 이렇게 감귤 사장님들의 따듯한 대접을 받고 걷고 또 걸으면서 제주도 전역을 돌아다녔다.

4박 5일 여행으로 깨달은 마음가짐

이후 우리는 나머지 일정 동안 설거지를 도와 점심을 얻어먹기도 하고 노인정에 들어가 할머님들 어깨를 주물러드리고 밥 한 공기를 얻어먹기도 했다. 바람이 없는 날에는 한적한 모래사장 위에 텐트를 치고 별을 보면서 잠 못 드는 밤을 지새우기도 했다. 그렇게 4박 5일 일정을 마치고 나니 온몸은 까맣게 타 있었고 면도를 제대로 하지 못해 덥수룩한 몰골이었다.

하지만 4박 5일 일정을 마치고 집으로 돌아오는 공항에서 주머니를 확인해보니 3천 원이 남아 있었다. 우린 남은 돈으로 수첩과 펜을 사서 비행기 착륙 전까지 묵묵히 글을 써 내려갔다. 당시 메모장엔 이런 글귀가 적혀 있다.

- 5일간의 무모한 도전은 나를 바꾸는 위대한 경험이었다.
- 무엇을 시작하기 전에 겁부터 먹지 마라.
- 일단 해보자.
- 진심은 통한다.
- 정말 힘들 때, 제주도에서 보낸 5일의 기억을 잊지 말자.

나태해진 삶을 바꿀 계기를 만들기 위해 시작한 무전여행이 어쩌면 무모했을지 모른다. 수상하게 쳐다보는 눈빛들과 냉정한 반응 때문에 시도조차 못하고 포기했을 수도 있다. 하지만 첫 마디 꺼내기가 어렵지 막상 하고 나니 자신감과 용기가 생겼다.

일단 부딪혀보자라는 단단한 마음가짐이 잊지 못할 추억을 만들어줬고 앞으로 살아가는 데 어떤 자세로 임해야 할지 확신을 준 계기가 된 것이다.

도전하지 않았으면 몰랐을 소중한 것들

인생을 살면서 가끔은 이렇게 해도 되나 싶을 정도로 무모한 도전을 한 번씩 해보는 것을 추천한다. 내가 이 책을 쓰기 전까지도 그랬다. 난 평범한 직장인이고 내세울 것 하나 없는 평범한 사람인데 책을 쓸 수 있을까라고 몇 번이나 생각했다. 하지만 '일단 해보자'란 마음으로 책 쓰기에 관한 수많은 책을 읽었고 출판에 대해 수없이 찾아봤다.

허황된 꿈이라고 생각하고 내가 시작조차 안 했다면 물론 이 글도 쓰고 있지 않았을 것이다. 무언가 초돌파하기 위해서는 무모한 도전 정신도 필요하다. 앞서 말했듯 나는 'JUST DO IT'이라는 나이키 브랜드의 슬로건을 좋아한다. 당신이 무엇을 하기 전에 망설이곤 하는가? 그렇다면 지금 당장 JUST DO IT! 망설이지 말고!

벤치마킹으로 시작된 푸드트럭 창업

골목의 수호자, 백종원

요즘 TV 채널을 돌리다 보면 꼭 한 번쯤은 보게 되는 인물이 있다. 유명한 배우도, 개그맨도, 가수도 아니다. 바로 요식업계 창업의 신이라고 불리는 백종원 대표다.

백종원은 대형 외식업계의 대표이자 요리 연구자이기도 하고 요식 기업인, 수많은 프로그램을 하드캐리하고 있는 방송인이기도 하며 유튜브 채널에서 실버 버튼과 골드 버튼을 동시에 받은 유튜버이기도 하다.

백종원은 사회복지학을 전공하고 요식업으로 성공해서 건축자재 사업으로 영역을 확장했으나 IMF 때 사업이 실패하면서 빚만 17억을 지고 자신이 잘하는 요식업에 집중하게 된다. 요식업을 하면서도 여러 번 실패의 쓴맛을 보게 된다. 하지만 수차례의 실패에도 좌절하지 않고 끊임없이 실패 원인을 파악하고 식재료와 유통시스템을 연구해 요리 전문가로 거듭나게 됐다.

백종원은 외식업의 실패에서 배운 노하우와 그동안 쌓은 지식을 프로그램을 통해 과감하게 공개했고 누구나 쉽고 맛있게 요리할 수 있는 방법들을 대중들에게 소개했다. 편안한 말투와 다양한 소통으로 맛의 비법이나 독특한 재료들을 공개했고 시청자들은 이에 열광했다.

그렇게 그의 영향력이 거세지고 있을 무렵, 2017년 '백종원의 푸드트럭'이라는 프로그램을 하게 된다. 백종원은 푸드트럭 창업자들의 선배이자 코치로 나서 자신의 창업 노하우를 공개하고 식문화를 통한 일자리 창출 프로젝트의 일환으로 청년들에게 푸드트럭 창업에 대한 방향성을 제시해주기도 했다.

그때 내 주변에서 이 프로그램을 유심히 본 한 청년이 있었다. 그 청년은 평소 요식업에 관심이 많았지만 임대, 인테리어와 같은 고자본이 필요한 요식업 창업에 엄두를 못 내고 있었다. 하지만 '백종원의 푸드트럭'이라는 프로그램을 보고 소자본으로 푸드트럭 창업을 할 수 있다는 것을 깨닫게 되고 푸드트럭 창업을 준비하게 된다.

제2의 백종원이 되기 위해

그 청년은 요식업 분야에서 최고가 된 백종원의 성공 법칙에 관해 공부하기 시작했다. 백종원이 나왔던 프로그램을 다시 보면서 창업 준비에 있어 도움이 될 수 있는 말들은 모두 적었고 백종원의 사업체가 성공할 수 있었던 기사들을 찾아보며 하나씩 파악했다. 아울러 푸드트럭 운영에 있어 백종원이 무엇을 강조했는지 파악하기 시작했다. 특히 푸드트럭 창업에 도전하고 있는 지원자들에게 던지는 조언 한마디, 한마디를 모두 분석했다. 그리고 왜 그런 조언을 했는지, 그 조언을 받아들인 지원자의 음식과 자세는 어떻게 달라졌는지 꼼꼼하게 파악했다.

그 청년은 백종원의 성공 법칙을 배워 자신이 하고자 하는 푸드트럭 창업에 적용하고 싶었던 것이다. 메뉴 선정부터 푸드트럭 디자인, 메뉴 개발까지 모두 백종원의 성공 법칙을 벤치마킹해 최고의 푸드트럭을 만들고 싶어 했다.

그렇게 프로그램이 종료되는 시점에 푸드트럭 성공 법칙 5가지를 정리할 수 있었다. 그 5가지는 맛, 위생, 최상의 재료, 합리적인 가격 그리고 동선이었다. 이 성공 법칙 5가지는 모든 창업인, 자영업자들에게 정답이 아닐 수 있다. 하지만 그 청년이 백종원을 끊임없이 연구한 결과, 자신에게 맞는 최상의 답을 찾은 것이다. 그렇게 성공 법칙 5가지를 파악하자 즉각적으로 창업 계획을 실행에 옮길 수 있었다.

그 청년이 첫 번째로 한 것이 메뉴 선정이다. 백종원이 항상 강조하는 자신 있는 메뉴를 정하고 메뉴 개수를 한정해야 했다. 그 청년은 평소에 자신 있는 메뉴를 직접 요리해서 친구들을 불러 시식회를 열어 맛에 대해 냉정한 평가를 받으면서 가장 자신 있는 메뉴가 무엇인지 알게 됐고 바로 메뉴를 선정할 수 있었다.

다음으로 최상의 재료. 메뉴가 정해졌으면 이 메뉴를 조리하기 위한 재료가 필요했다. 최상의 재료는 믿을 수 있는 거래처가 필요했다. 그는 농수산 센터를 비롯해서 유명한 식료품점은 모두 방문해서 가격과 배송을 체크했다. 조금 가격이 비싸더라도 신선하고 믿을 수 있는 재료를 공급받을 수 있는 거래처를 선정했다. 이렇듯 성공 법칙에 대해 미리 파악하고 나서 창업을 준비하니 자신감이 생기면서 잘될 것이라는 확신이 들었다고 한다.

그리고 중요한 요소인 가격. 백종원은 자신의 프랜차이즈에서도 강조하고 있듯 가성비를 중요시했다. 고객에게 합리적인 가격에 음식을 제공하기 위해서는 철저한 원가 계산과 매출이익률 산정이 필요했다. 그램 단위로 철저한 원가, 매출이익률 계산을 위해 며칠의 시행착오를 겪었고 고객과 제공자 모두 만족할 수 있는 합리적인 가격을 측정했다. 이 과정에는 타 푸드트럭의 상황에 대한 파악도 물론 진행했으며 고객 인터뷰를 통해 합리적인 가격 측정에 큰 도움이 될 수 있었다.

그리고 프로그램에서 백종원이 가장 강조한 위생과 동선. 백종원은 음식을 만드는 순서보다 효율적인 동선이 중요하다며 지원자들에게 최선의 동선을 만들라고 강조했다. 푸드트럭 제작에 앞서 직접 메뉴를 만들어보는 과정을 시뮬레이션해보기도 하고 다른 푸드트럭에 올라가 직접 동선을 파악해보기도 했다. 조리를 가장 효율적으로 할 수 있는 동선을 만들기 위해 푸드트럭 제작 업체와 긴밀한 도면 작업을 진행했다. 그렇게 약 석 달간의 여정 끝에 푸드트럭이 완성될 수 있었다.

성공에는 반드시 5가지 이유가 존재한다

결과는 어떻게 됐을까? 말 그대로 대박이었다. 푸드트럭 완성 후, 처음 입점한 행사에서 끝이 보이지 않는 대기 줄을 세우면서 믿을 수 없는 대박을 기록했다. 단순히 눈에 띄는 디자인으로 고객의 이목을 끈 것이 아니었다. 3일 동안 진행된 행사에서 3일 모두 1시간 이상의 대기 줄을 기다리면서까지 다시 찾아온 고객이 많았다.

그 청년의 푸드트럭 성공은 어떻게 보면 처음부터 당연했는지도 모른다. 한 분야에서 성공한 사람의 법칙을 끊임없이 연구했으며 이를 그대로 받아들이기보다 자신의 장점과 연계하여 오직 자신만의 성공 법칙으로 전환한 것이다.

성공하는 데는 반드시 이유가 있다. 1가지만의 이유는 아니다. 최소 5가지 성공 법칙이 존재할 것이다. 성공하고 싶은가?

당신이 성공하고 싶은 분야에서 최고가 된 사람의 성공 법칙을 파악해보자. 그리고 그 성공 법칙을 나에게 대입시켜보자. 누가 알겠는가? 제2의 백종원이 될지, 제2의 스티브 잡스가 될지.

20퍼센트의 색다른 도전이 가져다준 변화

도전에 관대한 세상, 현실은?

나는 20퍼센트의 도전을 즐긴다. 갑자기 20퍼센트라고 하니 20퍼센트 정도밖에 도전을 안 하는 건가? 하며 의아할 수도 있다. 수많은 자기 계발서와 유튜브 영상, 방송에서 도전이라는 단어를 자주 볼 수 있다. 세상은 도전을 권장하고 도전에 관대하다. 맞는 말이다. 도전을 통해 한계를 돌파할 수도 있고 남들이 가지 않는 길에 도전장을 던질 수도 있다. 이러한 도전들은 스스로 성장할 수 있는 계기가 되고 이에 따른 보상도 따라온다.

하지만 현실은 어떨까? 직장인을 예를 들어 생각해보자. 지금까지 별다른 문제 없이 지속되어왔던 시스템이나 업무 프로세스에 대해 파격적인 변화를 제안하는 프로젝트에 도전장을 내민다고 생각해보자. 치밀한 분석과 준비로 모두를 만족시키는 시스템의 변화로 프로젝트가 성공한다면 이에 대한 업무적 인정과 성과, 보상은 대단할 것이다.

하지만 기존 시스템에 대한 파격적인 변신은 기존 사용자들로 하여금 새로운 것에 적응해야 한다는 부담을 줄 수 있으며 기존의 유용한 방식도 모두 변화시켜 업무에 혼선을 불러일으킬 수 있다. 여기서 내가 추천하는 것은 기존 80퍼센트의 방식은 유지하면서 20퍼센트씩의 변화를 단계적으로 시도하는 것이다.

즉 20퍼센트의 색다른 도전을 하자는 것이다. 20퍼센트 도전이 실패했을 때 충격이 완화될 수 있으며 오히려 20퍼센트의 모험은 생각보다 크게 일을 벌릴 수 있어 과감한 시도들이 가능하다. 이러한 20퍼센트의 과감한 시도들이 모여 큰 성과로 연결되곤 한다.

5번 중 1번은 괜찮아

이제 업무가 아닌 운동을 예를 들어보겠다. 일상생활에서도 20퍼센트 도전의 효율성은 상당하다. 나는 어렸을 때부터 축구를 좋아했기 때문에 항상 축구 개인기 향상에 대한 욕구가 많았다. 개인기는 혼자 연습할 때와 실전에서 활용할 때 상당히 다르다. 혼자서 연습할 때는 여유 있게 축구공을 잘 다루지만 실전에서는 앞에 상대편 선수가 있기 때문에 마음은 급해지고 당황해서 개인기를 활용하기 쉽지 않다.

그래서 나는 날을 잡고 한 경기에서 개인기를 적극 활용해 실력을 증명해내고 싶었다. 결과는 어땠을까? 머릿속에는 개인기를 하겠다는 생각으로 가득 찼고 패스가 오면 개인기를 해야겠다는 생각에 주저하다가 상대편에게 공을 빼앗기기를 반복했다. 계속해서 공을 뺏기니 몸은 위축되고 자신감은 점점 잃게 되었다. 그래서 다음 경기부터 하게 된 것이 바로 20퍼센트의 색다른 도전이다.

80퍼센트는 원래 같은 팀 선수들과 하던 대로 패스를 하고 수비를 하면서 경기를 하고 5번에 1번꼴로 개인기를 맘껏 하는 것이다. 5번 공을 잡았을 때 1번 공을 뺏기거나 개인기가 실패한다고 해도 팀에게도 크게 영향을 미치지 않는다. 부담감이 적어진 20퍼센트 도전은 더 화려한 발재간으로 이어졌고 자신감은 더욱 붙었다. 이렇게 자신감이 붙기 시작하니 20퍼센트의 도전들이 30퍼센트, 40퍼센트까지 확대되어갔다.

그렇게 실전에서 20퍼센트 도전들을 이어가니 어느덧 팀도 성장하고 나의 개인기 실력도 성장하게 됐다. 일상생활도 마찬가지다. 주말도 똑같이 적용된다. 한 달에 토요일이 4~5번 있는데 1번 정도는 색다른 여행이나 도전을 해보는 것을 추천한다. 예를 들어 평소에 해보지 못한 취미 생활에 도전해본다거나 평소라면 엄두도 못 냈던 일에 도전해보는 것도 좋다.

유지와 도전을 효율적으로 사용하자

이어 사업적으로 20퍼센트 도전이 매출의 급격한 증가로 이어진 사례를 소개하고자 한다. 나와 친하게 지내는 청년 사업가의 이야기인데 그 친구는 닭강정 푸드트럭을 운영한다. 그 친구의 고민거리는 항상 메뉴 개발이었다. 고객들에게 접해보지 못한 신선함을 주면서 맛까지 갖춘 신메뉴를 개발하고 싶은데 시간도 없고 신메뉴에 들어가는 비용도 만만치 않다는 것이다. 그래서 나는 이 고민을 듣자마자 조언했다.

"지금 메뉴가 5개잖아. 메뉴를 총 3개로 줄이자. 메뉴 3개 중 2개는 가장 많은 매출을 내는 상품 중 네가 자신 있는 메뉴로 고르고 마지막 1개는 신메뉴에 도전하자. 정말 이게 팔릴까? 하는 생각이 들 정도로 기발한 메뉴를 개발해보자. 그리고 신메뉴가 고객에게 좋은 평가가 나올 때까지 메뉴 개발을 해보자."

나의 의견을 받아들인 친구는 마늘맛, 양념맛 2가지를 주메뉴로 선택하고 한 달 간격으로 신메뉴 개발을 해보기로 했다. 치즈를 활용한 닭강정부터 크림 닭강정, 깐풍기 닭강정까지 신메뉴를 개발해 세 번째 메뉴에 넣고 고객의 반응을 보고 의견을 들으면서 신메뉴 개발에 최선을 다해갔다. 이 과정에서 주메뉴 재료의 신선도, 튀김 기름의 관리를 꾸준히 유지했다.

신메뉴 개발에 한창이던 어느 날, 한 고객이 구매했던 닭강정을 어니언 소스와 함께 먹어봤더니 맛있었다는 의견을 듣고 바로 메뉴 개발에 들어갔다. 양파를 갈아서 닭강정 위에 뿌려보기도 하고 양념 소스에 양파 소스를 뿌려보기도 하고 생양파를 올려보기도 하면서 신메뉴 개발에 박차를 가했다. 시행착오를 겪으면서 마침내 어니언 닭강정이 탄생하게 됐다.

실패해도 부담 없는 20퍼센트의 색다른 도전

양파가 들어간 신메뉴가 처음으로 메뉴판에 올라가던 날, 대학교 축제에 참가하게 됐다. 신메뉴의 반응은 어땠을까? 인스타그램에 축제 맛집 Best로 올라오면서 오픈한 지 얼마 되지 않아 바로 재료 소진을 했다. 다음 날 충분한 재료를 준비했음에도 3가지 메뉴 중 가장 먼저 재료 소진으로 완판 행진을 이어갔다.

대박 신메뉴가 탄생한 비결은 바로 20퍼센트의 색다른 도전이었다. 기존 영업 방식에 크게 영향을 미치지 않으면서 주메뉴의 판매를 이어가고 20퍼센트의 색다른 도전으로 결국 경쟁력 있는 메뉴가 탄생하게 된 것이다.

이러한 20퍼센트의 도전은 지루할 수 있는 일상에 신선한 자극이 될 뿐만 아니라 때론 차별화된 결과물을 이끌어내곤 한다.

실패해도 부담 없는 도전 환경이 한층 더 창의적인 생각을 하게 만들고 과감하게 행동하게 이끄는 것이다. 이 20퍼센트 도전의 법칙은 업무, 취업, 창업, 일상 등 어느 곳이든 적용된다.

만약 지금 다소 지루한 일상을 보내고 있다면 20퍼센트의 색다른 도전과 모험을 강력 추천한다. 실패해도 부담 없잖아!

오로지 함께할 때 발휘되는 힘

스티브 잡스가 가장 중요시했던 '그것'

"아무리 우수하더라도 개인의 역량에는 한계가 있다. 하지만 그들이 하나의 팀으로 합쳐지면 한계를 넘어설 수 있다."

스티브 잡스는 우수한 인재들을 모아 팀 꾸리는 것을 좋아했다. 애플은 2002년까지 주가가 바닥을 쳐서 투자자를 찾지 못하다가 아이팟을 시작으로 아이폰, 아이패드까지 전 세계 소비자를 열광하게 하는 제품들을 줄곧 발표했다. 이런 성공의 배경에는 "아티스트적인 엔지니어들이 창의력을 발휘하는 기업을 꿈꾼다"며 대기업보다는 소규모 정예 그룹의 팀워크를 중요시한 잡스의 경영 철학이 한 몫을 차지했다. 소규모 그룹이 개인의 한계를 뛰어넘어 누구도 상상하지 못한 독창적인 상품을 만들어 낼 것이라고 확신했기 때문이다. 결국 애플은 각 인재들이 자신의 능력을 최대한 끌어올려 최고의 성과를 이루어 내는 데 성공했다. 잡스의 경영 원칙 BEST 10 중 첫 번째는 '위기의 순간에는 새로운 인재를 찾을 시간이 없다. 주변의 인력을 총동원하고 그들을 믿어야 한다'는 것이다. 잡스는 자신의 사업에서 더 이상 혼자서 할 수 있는 일은 없다며 큰일은 한 사람이 아니라 팀에 의해 이루어진다고 강조했다. 지금까지 애플은 혁신적인 제품과 서비스 그리고 위험을 감수하는 도전적 기업 문화, 마지막으로 탁월한 인재 확보를 통한 Co-Work를 통해 성장해왔다.

세계적인 기업 CEO 옆에는 항상 누군가 있었다

잡스에겐 최고의 Co-Work 파트너가 있었다. 바로 팀 쿡. 팀 쿡은 잡스와 정반대의 성격이지만 자신을 드러내기보다 최선을 다해 잡스를 지원했다. 팀 쿡은 애플의 살림꾼이라는 별명을 가지고 있을 만큼 잡스의 뒤에서 묵묵히 최선을 다했다. 잡스와 팀 쿡의 Co-Work는 환상적이었다.

CNN 머니 방송은 "잡스가 테이블을 쾅쾅 내리치는 타입이라면 쿡은 논리정연한 천재 타입"이라고 표현했다. 잡스가 디자인 전략에 빠져 상품 공급망과 재고 관리 업무를 놓치고 있을 때 쿡은 잡스에게 쓴소리도 마다하지 않았다고 한다. 쿡은 "잡스가 하도 여러 번 만나자고 하길래 얘기나 들어보자 싶었죠. 만나는 순간 자기의 비전과 전략을 얘기하는 그에게 끌렸습니다. 애플로 이직한다고 하자 모두가 말렸지만 저는 애플을 선택했죠"라며 잡스와의 파트너 관계를 더욱 강조했다. 이러한 Co-Work는 세계를 이끌어가는 기업에 많은 사례가 있다.

페이스북의 창업자 마크 저커버그에게는 최고의 협력자 셰릴 샌드버그가 있고 마이크로소프트의 빌 게이츠에게는 공동 창업자 폴 앨런이 있었다. 또 알리바바의 마윈을 파트너로 만든 20대 젊은 천재 광스커지가 있다. 이렇듯 Co-Work는 서로 더 성장할 수 있는 시너지 효과를 발휘하고 이는 곧 성과로 이어진다.

특히 각자의 강점으로 서로의 약점을 보완해 혼자서는 개선하기 힘든 문제들을 함께 극복할 수 있고, 개인이 겪고 있는 고통이나 어려움을 함께 해결할 수 있고 더 나은 방안을 모색하기 위한 다양한 방법들을 공유하고 제안할 수 있는 장점들이 있다.

언제 어디서나 적용되는 Co-Work의 힘

이를 내 삶에 대입해 최고의 파트너, 즉 Co-Worker를 찾기 위해 매 순간 노력한다. 최근 나의 Co-Worker를 소개하자면 러닝메이트다. 최근 나는 건강한 삶을 살아가기 위해 등산, 마라

톤, 러닝 등을 생활화하고 있고 처음에는 혼자 이러한 활동들을 유지해가려고 했다. 하지만 매번 비슷한 운동 강도와 운동법으로 체력 증진에 발전이 없는 나를 발견하게 됐고 기록 증진, 호흡법 개선이란 같은 목표를 갖고 있는 러닝메이트를 찾았다.

변화는 정말 놀라웠다. 같이 러닝을 하니 기록 경신은 물론 같이 뛰면서 호흡법에 대해 서로 피드백을 주고받으면서 성장할 수 있었다. 혼자 뛰면 다소 지겨웠다면 같이 러닝을 하면 운동 효율 증대는 물론 공동의 목표 달성을 위해 서로 격려를 아끼지 않았다. 그렇게 두 달을 진행하니 10킬로미터 50분대 기록은 경신되었고 호흡법 개선으로 안정된 운동을 지속할 수 있었다.

이렇듯 운동만 해도 Co-Worker의 장점은 상당하다. 회사 생활의 프로젝트, 공모전, 취업 등 어디에도 대입 가능하다. 이제 초돌파력 증진을 위한 Co-Work를 제안하고자 한다.

주위를 닮아가는 사람의 습성

먼저 훈련할 수 있는 Co-Worker를 찾아라. 동일한 목표를 갖고 함께 달려갈 수 있다는 자체가 서로에게 막대한 영향을 미친다. 선의의 경쟁심으로 더욱더 발전할 수 있는 계기를 제공해 목표 달성의 기한을 획기적으로 줄일 수 있다. 이렇게 함께 달려가기 위해서는 인내심을 갖고 한 목표를 향해 꾸준한 노력을 할 수 있는 파트너를 찾는 것이 중요하다. 목표 달성에 대한 의지를 확인하는 것은 필수이며 계획을 들어보고 자신이 추구하는 방향과 크게 다르지 않아야 한다. 어느 분야의 Co-Worker를 찾느냐에 따라 다소 상이할 수 있지만 의지, 추구하는 방향에 대한 80퍼센트 이상의 일치가 필요하다. 그래야만 함께 달려가던 중 되돌아가는 실수를 줄일 수 있다. 같은 목표를 향해 의심 없이 직진할 수 있는 Co-Worker를 찾았다면 먼저 솔선수범해야 한다.

Co-Worker와 같이 성장하기를 바란다면 목표를 향해 함께 달려가고 있다고 서로 느껴야 한다. 내가 먼저 솔선수범한다면 상대방과 페이스를 유지하기 위해 따라올 것이다. 일반적으로 인간은 내 주위 사람들을 닮아가는 습성을 가지고 있기 때문에 내가 먼저 솔선수범한다면 그도 같이 따라올 것이다.

마지막으로 반드시 결과는 피드백을 해야 한다. 여기서 말하는 피드백이란 측정 가능한 표현으로 진행 중인 과정, 진척도, 개선 사항 등을 정확하게 점검하는 일이다. 주, 월 단위로 주기적으로 진행 사항을 점검하고 개선 사항이 있다면 서로 협의해서 즉시 개선해야 한다. 주관적인 의견은 최대한 배제하고 숫자로 측정 가능한 방법을 활용해 냉정하고 객관적으로 평가하고 점검해야 한다. 이러한 피드백은 Co-Work의 최대 장점이다.

아침에 30분 일찍 일어나기 위해 Co-Worker를 찾아도 좋다. 사소한 것이라도 돌파하고 싶은 그 무엇이 생긴다면 혼자보단 함께 돌파해나갈 동반자를 찾는 것이 큰 도움이 될 것이다.

요즘 기업들이 원하는 인재 유형

신발 끈을 빨리 묶는 인재

- 긴 회의보다는 신속한 의사결정을 할 줄 아는 결단과 판단력이 있는 인재를 선호한다. 급변하는 트렌드에 대응하지 못하고 주저하게 되면 경쟁력을 잃기 때문이다.

- 신속하고 옳은 판단력을 갖기 위해 최근 이슈가 되고 있는 것에 깊은 관심을 갖고 있어야 하며, 본질을 꿰뚫을 줄 아는 통찰력이 필요하다. 이 통찰력은 직무에 대한 기본 배경지식은 물론 장기간에 걸쳐진 트렌드 변화와 경향을 읽을 줄 알아야 한다.

현실적이면서 창의적인 인재

- 4차 산업혁명의 시대가 열리면서 새로운 지식을 창출하는 창의적인 인재의 주요성이 더욱 부각될 것이다.

- 그저 허무맹랑한 새로운 것이 아닌 가치를 창출해낼 무언가를 발굴하는 역량이 필요하다. 실행 가능한 상상력을 제안하고 제안한 상상력을 구체화할 줄 아는 역량이 요구된다.

큰 그림을 그릴 줄 아는 인재

- 기업은 우수한 인재의 육성을 위해 세미나, 교육, 자기 계발 등을 강조하고 있으며 이에 대한 성과에 차등을 두기도 한다. 장기적인 안목을 갖고 직무 관련 자격증, 어학 등 끊임없이 자기 계발에 투자해야 한다.

- 유휴 시간을 활용하여 직급에 맞는 자기 계발 활동을 해야 한다. 최근에는 온라인과 애플리케이션을 통해 편리하게 준비할 수 있다. 앞으로 가치가 있을 자격증을 획득하고 미래에 전망이 밝은 분야에 대한 공부를 아끼지 않아야 한다.

숫자로 말하는 인재

- 데이터에 근거한 자료와 실적 관리가 보편화된 지금, 긴 문장보다는 숫자, 곧 데이터를 활용해 말하고 실행할 줄 아는 인재가 중요하다. 특히 데이터 가공 능력은 필수다. 주어진 데이터를 가공하여 보기 쉽고 이해하기 쉽게 재생산하는 과정이 필요하다.

- 개인의 감에 의한 업무가 아닌 데이터를 분석하고 분석한 데이터를 가지고 앞으로 업무를 계획하는 활동이 필요하다. 이를 위해 엑셀을 적절히 활용할 줄 알아야 하며 보통 A4 1장에 요약할 줄 아는 정리 능력도 요구된다.

실행력이 있는 인재

- 신속한 의사결정이 있더라도 지속적으로 실행하지 않으면 성과를 낼 수 없다. 솔선수범해서 거침없이 일할 수 있는 실행력이 필요하다. 실행력이 뛰어난 사람들은 멈칫하지 않고, 나름의 우선순위를 정해 즉각 실행한다.

- 뛰어난 실행력을 갖기 위해서는 긍정적인 생각이 필수다.

특히 자신이 하고 있는 일에 대한 자부심을 갖고 임해야 하며 정해진 납기 안에 일을 수행하기 위해 구체적인 업무 계획을 세울 줄 알아야 한다.

4장

미래를 대비한 전략을 세워라

1시간이 가져온 위대한 변화

허리가 망가진 날

나는 누가 뭐래도 체력과 신체 건강엔 자신 있었다. 허리 디스크가 오기 전까진 말이다. 누구보다 건강한 신체를 가지고 있다는 믿음은 취업 후 3개월 뒤에 깨져버렸다. 1년 미만 신입사원 때는 유통업이라는 직무 특성상 오래 서 있거나 무거운 물건을 들기도 했는데 그때부터 허리 통증이 조금씩 시작됐다. 나는 이 통증들에 대해 별다른 조치를 하지 않았고 통증이 심해질 때면 한의원에 가서 침을 맞곤 했다.

그러던 어느 날 근무 후 침대에서 쉬고 있는데 물을 마시기 위해 몸을 일으키려고 하니 번개 맞은 듯이 찌릿한 통증이 오면서 일어나질 못했다. 간신히 몸을 일으켜 바로 병원으로 갔다. 병원에서 MRI 촬영을 하니 디스크 증상이 있다는 진단이 나왔다.

그때부터 삶의 질은 급격히 하락했다. 허리가 아프니 업무를 볼 때도 항상 예민한 상태였고 집에서 휴식을 가질 때도 허리 통증으로 온전히 쉬지를 못했다. 나는 허리 디스크 치료를 위해 할 수 있는 건 다 해봤다. 유명한 병원에서 근육주사를 맞아보기도 했고 주기적으로 도수 치료나 추나요법을 받아보기도 했다. 하지만 효과는 치료를 받고 나서 며칠 정도만 지속될 뿐 증세는 전혀 호전되지 않았다. 정말 고통스러웠다. 좋아하는 축구도 못 하고 계속되는 통증으로 신체적인 스트레스와 정신적인 고통은 말로 하지 못할 정도였다.

그러던 중 나의 일상을 바꾼 우연한 계기가 찾아왔다. 회사 회식을 마치고 집에 가기 위해 대리운전을 불렀다. 대리 기사님은 운전석에 있는 내 허리 받침을 보더니 허리 디스크가 있냐고 물었다. 업무 중 운전을 하는 시간이 많기 때문에 허리에 무리가 가지 않도록 운전석에 허리 받침을 설치해놨다는 내 대답을 들은 대리 기사님은 말했다.

"저도 허리 디스크로 5년을 넘게 고생했어요. 유명한 병원, 웬만한 치료는 다 받아봤지만 소용이 없더라고요. 근데 지금은 거의 완치했어요. 무슨 일이 있어도 하루에 1시간 이상은 반드시 허리 강화 운동을 비롯해 허리를 받쳐줄 수 있는 코어 운동을 했어요. 지금도 운동하고 출근했어요. 허리 디스크를 이기는 방법은 없어요. 꾸준한 운동을 통해 관련 근육들을 튼튼하게 만들어야 해요. 가장 중요한 건 매일 해주셔야 해요."

환경이 실천을 만든다

나는 사막에서 오아시스를 찾은 것과 같이 목마름을 해소한 기분이 들었다. 허리 디스크를 극복한 사례를 직접 눈앞에서 듣고 나도 그렇게 해야겠다는 생각이 들었다. 그렇게 허리 디스크 관련 운동을 찾아보기 시작했고 바로 실행에 옮기기 위해 계획을 세웠다.

정보를 알아보던 중 하루를 시작하는 아침 시간에 운동하게 되면 혈류를 개선하고 신체의 각 기관에 산소를 원활하게 공급하는 데 많은 도움이 된다는 사실을 알게 됐다. 특히 아침에 완화된 근육을 스트레칭을 통해 풀어주면 일상생활을 하면서 근육에 무리가 덜 가게 된다는 것도 알게 되었다.

나는 그렇게 저녁에 운동을 시작했다. 하지만 퇴근하고 운동을 하겠다는 다짐에도 회식, 약속, 야근 등의 이유로 꾸준히 운동을 하지 못했다. 매일 꾸준히 하는 게 가장 중요한데 각종 이유로 70퍼센트의 참석률도 보이지 못했다. 전략의 변경이 필요함을 감지한 나는 저녁에서 아침 운동으로 바꿔보기로 했다. 퇴근 후에는 각종 변수가 많지만 아침에는 1~2시간만 일찍 일어나면 운동을 방해할 요소가 없었기 때문이었다.

굳게 마음먹고 아침 운동을 시작했다. 시작 후 3일까지는 순조로웠으나 평소와 다르게 1시간 일찍 기상하는 건 생각보다 쉽지 않았다. 핸드폰 알람을 여러 개 맞춰놓아도 마찬가지였다. 또 다른 전략이 필요했다.

그래서 나는 출근하기 전에 헬스장에 가서 운동했기 때문에 샤워할 때 필요한 것들을 모두 헬스장 라커 룸에 뒀다. 또한 회사 동기에게 한 달만 운동 멘토가 되어달라고 부탁했고 내가 아침 운동 인증을 하지 못하면 밥을 사주겠다고 약속했다.

이렇게 아침 운동을 할 수밖에 없는 환경을 만들어놓으니 실행은 자연스럽게 따라왔다. 한 달 동안 여러 시행착오를 겪으면서 아침 운동 습관을 들였다. 아침에 알람이 울리지 않아도 자동으로 눈이 떠지게 됐고 처음에는 아침 운동을 하고 나면 일상이 피곤했지만 몸이 적응되면서 점점 몸이 가벼워지는 기분이 들었다. 가끔은 SNS를 통해 아침 운동을 인증하면서 다소 시들어진 의지에 다시 활력을 불어넣기도 했다.

앞으로의 1년, 10년을 바꿀 수 있는 시간

그렇게 5개월의 시간이 지나자 조금씩 변화가 생기기 시작했다. 평소에는 오래 서 있으면 허리 통증으로 괴로워했지만 점차 통증이 오는 시간 간격이 벌어지기 시작한 것이다. 특히 허리 디스크로 인해 왼쪽 다리가 저리는 증상이 희미해지기 시작했다. 가끔 몸이 피곤하고 체력적으로 지칠 때는 다리가 저리는 증상이 재발하곤 했지만 10분 정도의 스트레칭을 하고 나면 깨끗하게 사라졌다.

허리 통증이 완화되기 시작하니 업무에 더 집중할 수 있게 됐고 통증으로 인한 예민함도 함께 사라지게 됐다. 완쾌되지는 않았지만 점점 코어 근육이 단단해지고 장요근과 같은 허리 관련 근육이 강화되고 있다는 것을 체감할 수 있었다.

더 중요한 것은 아침 1시간의 운동이 습관화되면서 다소 과체중이었던 체중이 줄었고 활기차게 하루를 시작할 수 있게 된 것이다. 스트레칭을 하면서 업무 계획을 짜기도 하고, 하루를 시작하기에 앞서 활력을 넣기도 하면서 긍정적인 생활을 하는 데 1등 역할을 했다.

내가 아침에 1시간씩 운동을 하지 않았다면 지금 어땠을까? 몇백만 원이나 하는 치료비에도 유명한 병원을 찾아다니면서 치료를 하고 있었을 것이다. 또한 과체중으로 몸도 점점 무거워졌을 것이고 아침에 스트레칭을 하면서 업무 계획을 짜거나 활력을 불어넣는 일도 없을 것이다. 나는 아침 1시간의 가치와 효율성을 따지자면 10시간 이상의 가치와 견주어도 아깝지 않다고 확신할 수 있다. 반드시 운동이 아니어도 좋다. 평일에는 아침의 1시간을 운동을 통해 할애하지만, 주말에는 독서를 한다. 주말 아침에만 읽는 책을 따로 마련해둔다. 1년으로 따지면 5~10권 사이가 된다. 기분 탓인지 모르겠지만 아침에 읽는 책이 더 머릿속에 깊숙하게 박힌다.

나는 앞으로 아침에 운동, 독서 이외에 유튜브 촬영을 해볼까 생각도 하고 있다. 물론 아직은 계획이지만 누구보다 아침 1시간의 효율성과 집중도를 잘 알기 때문에 시도를 해볼까 한다. 사람들은 입버릇처럼 이야기한다. '시간이 없다'고. 하지만 잘 따져보면 시간은 없는 것이 아니다. 시간을 활용하는 방법을 모르는 것일 뿐이다. 아침 1시간을 알차게 활용해보자. 적어도 3개월. 잘 쓴 아침 1시간이 앞으로의 나의 1년, 10년을 바꿀 것이다.

일상의 의미가 달라지는 하루 20분

크리에이터의 급성장 이유

1시간 38분. 2020년 인터넷 이용자 조사 결과에 따르면 1인당 하루 평균 온라인 동영상 시청 시간이다(출처: '2020 인터넷 이용자 조사 NPR', 나스미디어). 온라인 동영상 이용자 10명 중 9명은 유튜브를 본다고 한다. 유튜브는 이제 우리 일상에 더욱 가까워졌으며 특별한 동기와 목적을 갖고 검색해 영상을 시청하던 형태를 넘어 평소 선호하던 채널의 구독과 알림을 설정해 영상을 보다 적극적으로 시청하는 형태가 더욱 진해지고 있다.

유튜브 콘텐츠의 폭넓은 다양성과 영상의 고품질화는 전 세계 사람들이 가진 가지각색의 모든 취향을 다 만족시키고 있다.

이젠 한정된 주제와 1차원적인 공급을 토대로 한 TV 방송이 유튜브의 다양성을 따라가는 건 사실상 불가능해졌다.

또한 유튜브 영상 제공자와 구독자, 시청자와의 상호작용과 소셜 네트워크 구축이 더욱 탄탄한 충성도를 쌓고 있다. 시청자는 영상을 다 보고 댓글을 남기고 크리에이터는 이에 대한 반응으로 하트나 답글을 남기면서 소통의 장을 만들고 있다. 이러한 성공 요인에 더불어 유튜브의 수익 모델 구축은 크리에이터의 수많은 양성을 이끌었다.

크리에이터는 유튜브를 통해 광고 수익, VIP 멤버십 등으로 수익을 창출한다. 이는 선순환의 구조로 이어진다. 사용자는 무료로 고품질의 콘텐츠를 즐길 수 있고 크리에이터는 이에 합당한 수익을 보상받고 광고를 의뢰하는 광고주 입장에서는 광고 효과가 극대화되는 효과를 얻으면서 선순환의 구조가 되는 것이다.

유튜브는 시청자들에게 양질의 영상 콘텐츠를 제공하지만 이를 과다 이용하거나 잘못된 방법으로 접하게 된다면 문제도 있을 수 있다. 중독성, 폭력성, 선정성 등의 문제를 배제할 수 없는 것이다. 그러나 유튜브의 장점만 잘 활용한다면 100원도 사용하지 않고 많게는 100만 원 이상의 가치를 얻을 수 있다. 그 이유는 유튜브의 주 성장 동력이 탤런트(Talent : 재능)이기 때문이다.

크리에이터들은 자신이 가지고 있는 탤런트를 이용해 다수가 아닌 개인의 미시적인 취향에 맞춰 차별화된 콘텐츠를 제작한다. 즉 기존의 다른 방송에 비해 다양하고 혁신적인 콘텐츠로 시청자들에게 폭넓은 선택의 기회를 제공한다. 유튜브가 성장하면서 크리에이터의 전문성이 높아지고 있으며 콘텐츠의 질은 더욱 높아지고 있다. 학생, 회사원, 자영업자, 예비 창업자 누구든 유튜브를 적절하게 활용한다면 자기 계발의 끝판왕이 될 것이라고 확신한다.

학원? 이젠 갈 필요 없잖아

몇 년 전만 하더라도 포토샵, 일러스트레이션 등 편집 기술을 배우고 싶으면 집 근처 유명한 학원을 찾아보는 것이 보통의 일상이었다. 하지만 지금은 유튜브에 포토샵 배우기, 포토샵 10일 완성, 일러스트레이터 기초 등의 키워드만 검색해도 수많은 크리에이터의 영상이 뜬다.

영상의 구도, 크리에이터의 목소리, 콘텐츠 진행 방식 등 자신의 스타일에 맞는 영상을 선택해 꾸준히 콘텐츠를 접하면서 배워나가면 된다. 해당 크리에이터를 구독하면서 편집 기술을 배우다가 중간에 자신과 맞지 않는다고 생각이 들면 다른 크리에이터의 영상으로 대체해도 비용이 들거나 눈치를 보는 일들이 발생하지 않는다.

나는 매일 하루 20~40분 유튜브를 시청한다. 그 20분의 유튜브 시청은 매일 아침 긍정의 에너지를 불어넣어 활기찬 하루의 시작을 이끌기도 하고 매일 퇴근 후 헬스장에서 운동하는 나에게는 헬스 트레이너 역할을 하기도 한다. 20분의 유튜브 시청이 목표 달성에 대한 신선한 자극이 되기도 하고 일상에서 하고 있는 활동들의 의미 있는 변화를 이끌기도 한다.

유튜브 20분 활용법

초돌파력에 도움이 되는 하루 20분 유튜브 활용법에 대해 소개하고자 한다. 첫 번째, 다섯 분야의 크리에이터 10명을 구독하라. 나의 사례로 이 방법을 설명해보겠다. 나는 3개월의 주기로 어떤 크리에이터를 구독할지 정하는 시간을 반드시 가진다. 3개월 주기로 나의 관심사나 사회적 이슈가 바뀌기 때문이다.

가장 최근에 정한 크리에이터 10명은 보디 프로필 목표 달성을 위한 운동 트레이너 2명, 한국사능력검정시험 1급을 취득하면서 역사에 관심이 생겨 구독한 역사 관련 크리에이터 2명, 유명한 책의 줄거리와 핵심 내용을 말로 전해주는 크리에이터 2명, 활기찬 하루의 시작에 도움이 되는 여행 유튜버 2명, 커뮤니케이션 스킬을 알려주는 유명 스피치 강사 2명 등이다.

나는 목표 달성 분야, 관심 분야, 심리 분야, 자기 계발 분야에 대해 구독했고 이 리스트는 3개월마다 크고 작게 변경되기도 한다. 이렇게 크리에이터들을 구독하고 시청하다 보면 유튜브 알고리즘이 조회수, 시청 시간, 댓글, 공유 등을 파악해 개인에게 맞는 영상 목록을 추천해 나에게 보다 유익한 크리에이터의 영상을 접할 수도 있다. 석 달마다 10명의 구독 크리에이터를 변경하고 재점검하다 보면 최근 나의 관심사를 파악할 수 있으며 불필요한 영상의 구독을 관리할 수 있는 좋은 시간이 된다. 결국 스스로 양질의 콘텐츠를 제공받기 위한 최적의 환경을 조성하는 것이다.

두 번째, 일상생활에 방해받지 않는 아침, 저녁의 10분을 이용하라. 나의 경우 유튜브 시청의 집중률이 가장 높은 시간은 아침 10분과 취침 전 10분이다. 아침엔 주로 활기찬 하루를 시작하기 위한 여행, 자기 계발에 대한 영상을 시청한다. 그리고 목표 달성 기한이 다가온다면 목표 달성과 관련된 콘텐츠를 시청한다.

나는 매일 아침 공복 유산소운동을 하는데 러닝 머신 위에서 운동법, 운동 자극 영상을 시청하면서 운동을 하면 더 집중하게 된다. 영상에 나오는 유튜버처럼 건강한 육체를 만들어야겠다는 다짐과 함께 자신감을 느끼게 된다.

또 시청의 효율적인 시간을 뽑자면 취침 전 10분이다. 취침 전의 영상은 다음 날 아침에 상당한 영향을 미치기 때문에 미래, 목표, 계획적인 영상을 시청하는 것이 좋다. 이렇게 아침, 저녁으로 시청한 20분의 유튜브는 꿈에 대한 자극, 목표 달성 과정에 대한 촉진제 역할을 하며 다소 지쳐 있는 심신에 긍정의 에너지를 줄 수 있는 역할도 한다.

세 번째, 꼼꼼히 기록하라. 유튜브 시청을 통해 긍정의 자극을 얻었거나 유용한 팁 같은 것을 자주 접하게 되지만 영상의 특성상 휘발성이 강하기 때문에 반드시 영상을 보면서 기록하는 습관을 들여야 한다. 나 같은 경우 영상을 캡처한 후 핸드폰에 사진첩 폴더를 따로 생성해 모으고 있다. 그리고 메모장을 활용해 키워드 위주로 정리하는 습관을 갖고 있다.

장황하게 기록할 필요가 없다. 해당 키워드만 봐도 그때 봤던 영상들이 기억날 것이고 다시 한번 마음에 되새길 수 있는 좋은 시간이 되기 때문이다. 이렇게 기록한 것들은 동기부여가 필요하거나 자극이 필요할 때 언제든 꺼내서 볼 수 있다. 지금껏 단순 재미, 흥미 위주의 영상을 시청하지 않았는가? 하루 20분의 유튜브 시청이 여러분 일상을 바꿔줄 것이다. 20분, 투자할 만한 가치가 있지 않은가?

합격보다 먼저 다가온 슬럼프

하루 빨리 취직하고 싶었다

"안녕하십니까! 어디선가 누군가에 무슨 일이 생기면 바로 달려가는 인간 짱가 지원자 이광민입니다."

문장만 10번을 넘게 외친다. 당찬 말투로 해보기도 하고 첫 문장을 바꿔가면서 1분 자기소개서를 준비하고 있는 27살의 이광민. 대학교 졸업을 앞두고 취업을 준비하는 일명 취준생으로 수업을 모두 마치고 집으로 돌아와 셔츠에 넥타이를 매고 거울 앞에서 매일 면접을 준비했다.

나는 어느 청년들보다 치열하고 쉼 없이 대학 생활을 했다. 군대 전역 후 대학 생활 내내 금, 토요일 새벽 당구장 아르바이트를 하면서 원룸 임대료와 생활비를 충당했고 4학년이 되어서는 쉼 없이 다양한 기업에서 인턴으로 근무하며 생활비와 학비를 벌었다. 그렇게 나는 대학 생활 내내 부모님으로부터 단 1원도 지원받지 않고 스스로 자생하기 위해 몸으로 뛰고 또 뛰었다. 그래서였을까? 나는 간절하게 취업을 하고 싶었다.

인턴으로 근무하면서 업무적으로 인정을 받고 성과를 내는 것에 보람을 느껴서 하루라도 빨리 취업해서 실무에 투입되고 싶었다. 그리고 정기적으로 돈을 벌고 싶었고 경제적인 부담에서 하루빨리 벗어나고 싶었다. 그래서 나는 취업을 준비하는 4학년 2학기 시즌이 되자마자 밤잠을 줄여가며 공채를 준비했다.

스터디원들과 달리기로 결심했다

평소보다 2시간 일찍 일어나고 2시간 늦게 잠들었다. 마지막 인턴 근무인 기업은행 기업창구에서 근무할 때 퇴근하고 집에 돌아가는 버스 안에서는 공채 필기시험 대비 인터넷 강의를 시청하면서 자투리 시간까지 모든 시간을 취업을 위해 전념했다. 그렇게 공채 합격을 위한 단계를 하나씩 밟아가던 중 면접은 혼자 연습하기보다 스터디 그룹을 만들어 함께 연습한다면 더 효율적인 준비가 될 수 있을 것으로 생각했다.

그렇게 나는 대학교 카페에서 면접과 필기를 준비하는 스터디원들을 직접 모집하고 함께 사용할 수 있는 공간도 대여해 그룹 스터디를 진행했다. 서로 어색하고 서툴렀지만 부족한 점을 보완해주고 하나씩 과제를 해나가자 조금씩 성장하는 모습을 발견할 수 있었다. 그렇게 몇 달 동안 서로의 면접관이 되어보기도 하고 같은 면접에 들어간 경쟁자의 입장이 된 모의 면접도 하면서 치열하게 공채를 준비했다.

그렇게 시간이 흘러 공채 시즌이 다가왔다. 스터디원들은 각자 열심히 갈고 닦은 면접 실력과 필기 내공들을 발휘하기 위해 집중력을 더 올렸다. 서류 접수 기간에 맞춰 원서를 준비했고 첨삭이나 수정이 필요한 스터디원들은 서로 피드백을 해주면서 완성도를 높이기 위해 최선을 다했다. 나는 스터디 그룹장으로 책임감을 느끼며 밤잠을 줄여서라도 스터디 진행 내용에 대해 치밀하게 준비하고 검토했다.

슬럼프로 깨닫게 된 재도약의 계기

그러나 그러한 과정에서 수면 시간은 더 줄어들었고 체력적으로 많이 지쳐갔다. 100미터 달리기 시합을 준비하는 육상선수라고 생각하면, 대회 전까지 기량 증대를 위해 땀을 아끼지 않고 최선을 다해 연습을 해왔는데 막상 대회 일주일을 남기고 몸살이 나는 경우와 비슷했다.

너무 열심히 달려왔던 걸까? 서류 접수 마감을 며칠 남기고 체력적으로나 심리적으로 한계에 부딪힌 느낌이었다. 처음에는 무기력함과 공허함 그리고 지친 심신이 시간이 지나면 괜찮아질 거 라고 생각했다. 하지만 시간이 지나갈수록 컨디션과 마음가짐의 회복은 더뎠다. 그렇게 몇 기업의 서류 접수 마감을 마치고 다른 기업의 공채를 준비하는 시기에 큰 슬럼프가 오게 됐다.

초반에 서류 마감 접수된 기업들의 1차 서류 발표 결과가 나오기 시작했다. 지원했던 기업의 1차 서류 발표가 2곳이나 같은 날 다가왔고 나는 아침부터 긴장돼서 아무것도 손에 잡히지 않았다. 그렇게 서류 발표 시간이 되었고 나는 결과를 보고 벽돌로 머리를 맞은 것처럼 큰 충격을 받았다. 불합격이었다.

그리고 1시간 뒤, 두 번째 기업의 서류 발표 시간이 다가왔다. 결과는 불합격. 나는 큰 충격에 아무것도 하지 못했다. 정말 열심히 준비해서 제출한 서류와 자기소개서가 한순간에 물거품이 된 것이다. 그리고 다음 날 같은 기업을 준비한 스터디원들을 만났을 때 나는 표정을 숨기지 못했다. 나를 제외한 다른 스터디원들은 1차 서류 전형에 합격했기 때문이다. 마음을 다해 축하를 해주고 싶었는데 표정 관리가 쉽지 않았다. 아직도 그때의 감정들을 기억한다. 집에 가서 한참을 책상에 엎드려 있었다. 3일 정도 나는 무기력함으로 모든 일에 집중하지 못했다. 잘 알고 있었다. 이 순간을 극복하고 실패를 디딤돌 삼아 다시 재도약의 계기를 만들어야 한다고 하지만 쉽지 않았다.

인생길에도 하프타임이 필요하다

나는 답답한 마음을 풀어보고자 집 앞 편의점에서 맥주 한 캔을 사서 마시고 있었다. 한 캔을 다 마시고 집에 들어가려던 차에 스터디원 중 한 명이 나를 보고 편의점 테이블에 앉았다. 그 친구는 내가 힘든 것을 알고 있었고 어떻게 힘을 줄지 자기 혼자서도 많은 고민을 했다고 얘기했다. 그리고 그 친구가 진심을 다해 나에게 얘기했다.

"슬럼프가 왔다는 건 그만큼 최선을 다하고 있다는 의미야. 너는 지금 하프타임이라고 생각하면 돼. 축구로 따지면 전반전에 0대 1로 지고 있지만 하프타임에 마음가짐과 감독의 새로운 코칭으로 후반전에는 결국 2대 1로 이기는 거지. 세상에서 가장 짜릿한 승리는 역전승이라고 하잖아? 난 네가 이 힘든 과정을 이겨낼 수 있을 거라고 생각하고 결국 우승 트로피를 들 수 있을 거라고 확신해. 힘들고 지칠 때 우승 트로피를 번쩍 드는 상상을 해봐. 그 짜릿함을 상상하면 다시 힘차게 시작할 수 있을 거야."

그 친구의 진심 어린 조언은 나를 바꾸기에 충분했다. 그렇다. 나는 슬럼프를 극복하기 위한 자극, 즉 동기부여가 필요했다. 이렇게 힘듦에도 불구하고 우승 트로피를 반드시 들어 올릴 것이라는 확고한 목표 의식. 그 목표 의식을 재확인하고 추진력을 불어넣어줄 동기부여가 필요했던 것이다. 반드시 우승 트로피를 들어 올려야 할 이유를 재확인하고 슬럼프는 단지 그 과정 중 하나라고 생각했다.

이 슬럼프를 극복하고 나면 재도약할 기회가 반드시 올 것이라고 확신했다. 그렇게 슬럼프를 현명하게 극복할 수 있었고 이 슬럼프는 취업이라는 목표 달성이라는 결승점에 다다르는 데 충분한 도움이 됐다. 인생을 살다 보면 최악의 순간이 분명 올 것이다. 이 최악의 순간을 접했을 때 처음에는 극복할 엄두조차 나지 않을 것이다. 하지만 이 슬럼프를 기회라고 생각하자. 오히려 이 슬럼프가 여러분의 인생을 바꾸라는 타이밍일지도 모른다.

나의 영향력에 반응하는 사람들

영원한 1등은 없다

'영원한 1등은 없다'의 결과를 보여준 노키아. 노키아는 2000년대 초반 모토로라를 제치고 전 세계 핸드폰 점유율의 압도적인 1위를 차지하면서 세계적인 인지도를 누린 기업이었다. 2007년 애플이 아이폰을 내놓기 전까진 말이다. 노키아는 2000년대 초반, 세계에서 가장 저렴하고 빠르게 핸드폰을 만드는 회사였고 소프트웨어 개발보다는 원가절감과 대량생산에 초점을 맞추고 있었다. 실제로 이러한 경영전략이 노키아의 성장기를 가져왔지만 핸드폰 시장의 판도를 바꾼 혁신적인 애플의 아이폰이 출시되면서 그 영광은 끝이 났다.

물론 노키아도 스마트폰의 시대가 열릴 것이라고 예상하고 엄청난 연구개발 투자를 했지만 이미 자신들이 만들어놓은 기존의 핸드폰 틀 안에서 점진적인 변화, 즉 단계적인 혁신을 하고자 했다. 노키아는 독자적인 스마트폰 운영체제인 심비안(Symbian)을 고집했고 애플과 구글의 파상공세에 점점 시장을 빼앗겨갔다. 그렇게 노키아의 날개 없는 추락은 멈추질 않았다.

"우리가 정하는 것이 오직 시장의 표준이다."

당시 노키아 CEO가 했던 말이다. 당시의 자신감과 위세가 얼마나 대단했는지 알려준다. 그렇게 세계를 뒤흔들던 노키아의 추락 원인은 무엇일까? 바로 새로운 흐름을 놓친 것이다. 기존 방식에 대한 고집으로 새로운 상품의 출시가 늦어진 것도 주원인이다. 노키아는 기존의 핸드폰 뼈대를 유지하면서 몇 가지 부품과 디자인을 바꿔 다양한 신제품을 내놓는 전략을 사용했다. 획기적인 제품이 나오기 전까진 이 전략이 통했지만 전 세계 사람들이 놀란 스마트폰이 출시되면서 더 이상 노키아에 주목하지 않게 된 것이다.

내가 만드는 내 브랜드

노키아의 사례가 대표적으로 보여주듯이 우리는 큰 흐름을 읽고 대비해야 한다. 즉 앞으로 다가올 트렌드가 무엇인지, 사람들이 무엇에 열광하고 있는지 정확히 파악하여 이에 알맞은 실행을 해야 하는 것이다. 지금은 끝없이 변하는 시대다. 이러한 급변하는 사회에서 생존하기 위해서는 새로운 경쟁 구도에 대비해야 한다. 이를 위한 첫 단계는 바로 관심이다. 사회 이슈, 세계적인 트렌드, 기업 업태별 상황 등에 대해 관심을 갖고 적극적으로 살펴보아야 한다. 최근 벤처 생태계는 어떻게 구성되어 있는지, 기업에서 신사업은 어떤 것들을 하고 있는지 주목해야 한다. 이러한 새로운 경쟁 구도에 대비해 내가 갖출 수 있는 경쟁력은 무엇인지, 어떤 분야에 나의 역량을 투자해야 하는지 꼼꼼히 살펴봐야 한다.

이제부터 내가 트렌드를 이끌고 막대한 영향력을 미쳤던 사례를 소개해보려고 한다. 나는 군대를 전역하자마자 대학교에 복학하면서 트렌드를 이끌고 막대한 영향력을 미친 적이 있다. 군대를 전역하고 나는 하고 싶은 것들이 정말 많았다. 기업에서 주최하는 대외 활동에 참여해서 다른 학생들과 교류도 하고 싶었고 공모전에 참가해서 창의적인 광고, 기획과 같은 활동도 하고 싶었다. 대부분 기업들이 주최하는 건 현재 트렌드가 반영된 상품, 마케팅에 대한 활동들이 많았고 이를 위해 상품별, 고객별 트렌드에 대한 정확한 파악이 필요했다.

고객들이 열광하는 상품은 무엇인지, 현재 소비자들의 트렌드가 무엇인지 확실히 파악해야만 이러한 활동에서 성과를 낼 수 있다고 생각했다. 그 당시 온라인 마케팅, 상품 리뷰 등 소비자들의 선택에 많은 영향을 미치는 것이 바로 네이버 블로그였다. 지금도 네이버 블로그는 온라인 매체를 통틀어 막대한 영향을 미치고 있지만 그때 당시의 네이버 블로그가 트렌드를 이끄는 힘은 대단했다. 네이버 블로그의 콘텐츠 노출은 트렌드를 이끌기 충분했고 마케팅 수단으로도 많은 기업이 뛰어들었다.

나는 네이버 블로그를 통해 특정 분야에 트렌드를 주도하는 내 브랜드를 만들고 싶었다. 현재 이슈가 되고 있는 네이버 블로그를 충분히 활용하면 온라인 유저들에게 막대한 영향을 미칠 수 있을 것이라고 생각했기 때문이다.

나는 그 당시 중요시되던 사회 이슈를 다루기도 하고 취업에 도움이 될 만한 다양한 콘텐츠를 포스팅해나가기 시작했다. 그리고 많은 사람이 관심을 갖는 여행, 맛집, 일상에 대한 포스팅도 꾸준히 업로드했고 그 과정에서 네이버에서 제공하는 데이터 분석을 통해 어떤 키워드에 유저들이 열광하는지 파악했다. 사람들이 주목하는 키워드, 이슈가 되는 키워드를 적극 활용할 수 있게 된 것이다.

영향력이 있는 사람이 되기 위해

블로그가 성장하기 시작하자 나만의 브랜드 정체성이 짙어지기 시작했다. 나의 콘텐츠가 노출되는 빈도가 잦아졌으며 상위 노출이 되어 조회수도 급격하게 증가하게 됐다. 내 브랜드, 블로그가 온라인에 미치는 영향의 정도가 점점 커져간 것이다.

어느 때는 지역의 공단에서 하는 사업에 대한 인터뷰 요청이나 중소 업체에서 콘텐츠 포스팅에 대한 의뢰가 들어오기 시작했다. 나의 영향력이 점차 커지자 지역 맛집에서도 방문을 요청하고 여행 업체에서는 광고 문의가 들어오기도 했다.

그렇다. 나는 그 당시 가장 영향력이 큰 네이버 블로그를 활용해서 경쟁의 우위를 선점한 것이다. 사람들이 무엇에 열광하는지 알았고 나는 사람들이 열광하는 네이버 블로그를 선택해 나만의 경쟁력, 즉 브랜드를 만든 것이다. 이렇게 나만의 브랜드가 생성되자 각종 기업에서 하는 대외 활동에 지원하면 이를 높게 평가했으며 공모전에서도 나만의 무기로 활용할 수 있었다.

지금은 유튜브, 인스타그램, 페이스북 등 세계적인 온라인 매체들이 대중들의 트렌드를 이끌고 있다. 이전보다 네이버 블로그의 영향력은 줄어들었지만 그래도 여전히 유의미한 플랫폼인 것은 변함없다. 내가 만약 2020년에 대학생이었다면 2030 세대에게 사회적으로 큰 영향을 미치는 인스타그램을 활용해서 생존을 위한 새로운 경쟁 구도에 대비했을 것이다.

시대는 눈에 보이지 않을 만큼 급변하고 있다. 내일 당장 세계 최고의 기업이 몰락할 수 있다. 빠르게 변화하는 사회현상에 관해 관심을 가지고 내가 갖출 수 있는 경쟁력을 확보하자. 그

경쟁력이 주변 사람들, 대중들에게 영향을 미칠 수 있는 역량이면 더할 나위 없이 좋다. 당신도 시장을 좌지우지할 수 있는 영향력을 갖춘 사람이 될 수 있다.

최근 흐름을 살펴보면 많은 사람들이 유튜브를 통한 퍼스널 브랜딩으로 경쟁력을 쌓고 수천만 원에서 수억 원까지 수익을 창출하고 있다. 이뿐만 아니라 유튜버의 영향력이 거대해지면서 TV 광고, 캠페인, 홍보대사 등 다양한 영역까지 진출하고 있다. 이러한 유튜브의 성장세가 언제까지 이어질지 알 수 없지만 새로운 경쟁 구도에 철저히 준비한 기업과 사람들은 경쟁 구도에서 우위를 선점하게 됐고 새로운 먹거리까지 찾게 됐다.

지금 당장 유튜브를 시작하라는 말이 아니라 급변하는 트렌드에 민감하게 관심 갖고 다가올 미래를 준비해야 한다는 걸 강조하고 싶다. 100세 시대, 앞으로 기대수명은 더 늘어날 것이다. 트렌드를 선도하는 경쟁력을 하나쯤 가지고 있다면 사회와 대중에 이끌려가는 삶이 아닌 내가 이끄는 삶을 살 수 있을 것이다.

수많은 별명의 탄생

혼자만 정장을 입지 못한 사연

월요일엔 치킨과 맥주, 화요일엔 짬뽕과 소주, 수요일엔 파전과 막걸리……. 퇴근하고 즐겨 먹곤 했던 야식들이다. 물론 저녁도 배불리 먹고 말이다. 별다른 운동 없이 야식과 함께한 나의 복부는 풍선에 공기가 들어가듯 부풀어 오르기 시작했다.

톡 하고 건드리면 터질 것 같은 배는 점점 커졌고 몸무게는 80킬로그램를 기록했다. 그렇게 야식과 고칼로리의 식단들로 채워진 내 일상들로 살이 찔 수밖에 없었다. 기름진 음식과 술, 배달 음식들로 불안정한 식단을 유지하던 중 회사에서 중요한 자리가 있어 참석하게 되는 날 상상도 할 수 없었던 일이 발생한다.

아침에 일어나 입사할 때 새로 맞춘 정장을 입으려고 바지에 발을 넣는 순간, 정말 당황스러웠다. 바지가 허벅지에서 들어가지 않고 끼는 것이다. 도저히 입을 수 없었다.

셔츠는 단추가 터질 듯이 위태로워 보였고 결국 엊그제 입던 바지와 셔츠를 꺼내 입고 출근했다. 다른 직원들은 단정한 정장을 입고 출근했지만 난 비즈니스 캐주얼 차림으로 출근하게 된 것이다. 덥지 않았지만 등에는 연신 땀이 멈추지 않았다. 부끄러웠던 것이다. 나 스스로가.

"나도 저렇게 될 수 있을까?"

나는 어려서부터 패션에 관심이 많았고 때와 상황에 맞게 옷을 갖춰 입는 것을 좋아하고 즐겼다. 하지만 그때의 충격은 나를 다시 돌아보게 했다. 단순히 내가 정장을 입지 못해서 부끄러웠던 것이 아니었다. 나태하고 관리하지 못한 자신이 용서하지 못할 정도로 부끄러웠다. 그날 나는 결심했다. 꾸준한 운동과 철저한 식단을 통해 탄탄한 근육 위주의 체형을 유지하자고.

그리고 나는 해야겠다는 다짐을 했으면 실행을 위한 계획의 중요성을 누구보다 잘 알고 있었다. 계획을 치밀하게 세워야 시간, 장소 등을 통제하고 온전히 목표 실현을 위해 집중할 수 있기 때문이다. 무조건 해야겠다는 생각은 오히려 실행 지속력의 유효기간이 짧아 실행을 계속하기에 에너지가 부족하다. 긴 장기전을 지치지 않고 달려가기 위해서는 목표 달성을 위한 확실한 동기부여와 마음가짐이 반드시 필요하다.

그래서 나는 핸드폰을 열어 내가 6개월 뒤 되고 싶은 몸의 이미지를 찾기 시작했다. 내 체형과 유사하고 연령대가 비슷한 유명한 모델의 몸 사진을 찾았다. 177센티미터의 선명한 복근, 구릿빛 피부와 탄탄한 근육. 나의 목표가 정해진 것이다.

"저 모델처럼 되자!"

불가능이란 없다. 천천히 하나씩

누가 보기에도 불가능해 보였다. 볼록한 뱃살과 근육은 찾아볼 수 없는 밋밋한 체형. 그게 내 몸의 현실이었다. 하지만 목표를 설정하고 나니 할 수 있다는 자신감과 목표 달성을 위해 당장 지금부터 실행해야겠다는 생각이 들었다. 그런데 과연 얼마만큼의 시간과 노력이 필요할까 감이 잡히질 않았다.

나는 당장 체육 관련 일을 하는 지인에게 조언을 얻었다. "하루 2시간씩 매일, 최소 6개월 동안"이라는 간결한 답변을 받았다. 해야 할 일을 정할 때 간단명료하게 정리하는 것도 바로 실행으로 이어지게 하는 장치가 되곤 한다. 나는 6개월이라는 시간 동안 하루도 빠짐없이 운동해서 사진의 모델처럼 보디 프로필 촬영을 하기로 결심했다.

확실한 목표와 큰 그림을 그렸으니 그림의 완성을 위해 스케치도 하고 색칠하는 작은 실행들이 필요했다. 다음 날 바로 피트니스 센터에 가서 6개월 회원권을 등록하고 마트로 향했다. 다이어트와 몸 키우기는 운동도 중요하지만 식단이 무엇보다 중요하다. 고칼로리로 가득했던 식단의 변화를 위해 야채와 단백질 위주의 식단으로 구성했다. 양배추, 방울토마토, 파프리카, 고구마, 단호박, 닭 가슴살, 현미밥 등 식단을 변경했다.

처음엔 쉽지 않았다. 그래서 나는 점진적인 변화를 통해 체질이 적응될 수 있도록 단계적으로 이어나갔다. 처음 한 달은 스트레스를 많이 받지 않도록 하루 중 점심에는 먹고 싶은 음식을 먹고 나머지 두 끼는 닭 가슴살과 야채 위주의 식단을 했다. 그리고 체질이 어느 정도 적응된 두 달부터 세 끼 모두 닭 가슴살과 야채 식단을 자연스럽게 할 수 있었다.

운동도 마찬가지였다. 처음 헬스장을 갔을 때 기구 사용법과 운동법을 제대로 몰라 유튜브를 찾아보며 시간을 허비하곤 했다. 어느 날은 헬스장에 가서 2시간 동안 유튜브를 보고 정작 운동은 30분도 못 한 날도 있었다. 다이어트가 빨리 되지 않고 근육이 올라오지 않아 두렵기도 하고 변화 없는 모습에 실망도 했다. 그래도 조급해하지 않았다. 처음부터 부정확한 자세와 방법으로 시작하면 다시 원점으로 돌아오는 낭비를 할 수 있다는 지인의 조언을 듣고 하나씩 채워간다는 느낌으로 운동을 이어갔다. 지치고 운동이 하기 싫을 때면 핸드폰 배경 화면으로 지정한 모델 사진을 보면서 동기부여와 자극을 받으며 마음가짐을 다시 하곤 했다.

6개월의 긴 레이스 그리고 대성공

이러한 마음가짐을 매일 이어가기 위해 나는 매일 몸 상태를 점검했다. 나는 어떤 일을 하든 현재의 진행 상황을 확인하고 어제보다 무엇을 개선해야 하는지 점검하는 습관을 가지고 있다.

마찬가지로 운동도 매일 아침 헬스장에서 러닝을 뛰고 인바디를 측정해 애플리케이션으로 철저히 관리했다. 어제보다 몸무게가 얼마만큼 감소했는지, 골격근량의 상태는 어떠한지, 체지방량은 표준에 가까운지 매일 기록하며 그날 운동의 강도를 정하곤 했다. 이렇게 매일 숫자로 체크하다 보니 목표 달성 진행률을 확인할 수 있었고 더 열심히 운동하고 식단 조절을 해야겠다는 각오가 생기게 됐다.

평일은 출근하기 전 1시간, 퇴근하고 나서 2시간. 6개월 동안 단 하루도 빠짐없이 운동했다. 정말 특별한 경우를 제외하곤 꾸준함을 유지하려고 노력했다. 그리고 무엇이든 한 운동을 오래 하면 질리고 효율성이 떨어질 수 있다고 생각해 주말에는 러닝, 등산, 축구 등 재미 요소가 있는 운동을 했다. 새로운 운동을 통해 다소 지친 육체에 활력을 더할 수 있었고 이로 인해 월요일부터 금요일까지 온전히 운동과 식단에 집중할 수 있었다.

철저한 일정 관리와 운동, 식단으로 체중은 계속해서 감량했고, 근육은 눈에 띄게 올라왔다. 그리고 마침내 6개월. 약 200일 동안의 긴 레이스의 끝이 보였다. 보디 프로필 일주일 전부터는 염분과 수분 조절을 통해 최상의 촬영 컨디션을 만들었고 마지막 펌핑을 위해 부위별 전략적 운동을 했다. 그렇게 열심히 달려온 보디 프로필 당일. 주변 지인들이 수많은 별명을 만들어냈다.

- 끈기의 사나이 : 몸무게 80킬로그램 → 65킬로그램, 15킬로그램 감량 대성공
- 미친 실행력 : 체지방률 19퍼센트 → 8퍼센트 지방 커팅 대성공
- 구리구리 : 완벽한 구릿빛 피부로 변신 대성공
- 인간 빨래판 : 통통한 뱃살에서 초콜릿 복근으로 변신 대성공

닦고, 조이고, 기름칠하자!

수많은 사람이 다이어트를 시작하고 한 달도 안 되어 스스로 끝을 낸다. 헬스장을 끊어놓고 일주일 나가고 더 이상 나가지 않는다. 점심에는 닭 가슴살을 먹고 저녁에는 치킨을 시켜 먹는다.

주말에는 괜찮다며 꾸준한 운동을 지속하지 않는다.

왜 그럴까? 추진력이 없기 때문이다. 확실한 목표가 없으며 목표를 정했다고 하더라도 목표 달성을 위한 동기부여와 추진력이 없기 때문에 중간에 그만두기 마련이다. 지속해서 실행하는 힘을 길러야 한다. 즉각적으로 실행으로 이어질 수 있는 시간과 장소를 통제하고 온전히 목표 달성에 집중할 수 있는 환경을 스스로 만들어야 한다.

그리고 그 과정을 꾸준히 점검하고 개선점을 마련해서 지치지 않게 관리해야 한다. 그래야 자신의 페이스로 꾸준히 갈 수 있는 것이다. 힘이 들 땐 목표를 달성하는 그 순간을 상상하고 꿈꿔보는 것도 훌륭한 동기부여가 된다. 나는 힘들고 지칠 때 멋진 모델의 몸을 핸드폰 배경 화면으로 지정해놓고 보곤 했다. 지금의 땀과 노력이 결국에는 내가 상상하는 대로 이루어지리라고 굳게 믿으면서 말이다.

결국 스스로 자신을 달래면서 결승점까지 누가 꾸준히 실행하느냐의 차이다. 단기전이든 장기전이든 자신을 컨트롤할 수 있는 방법을 찾고 지치지 않게 연료도 넣어주고 기름칠도 하면서 앞으로 직진할 수 있는 상태를 매일 유지해주는 것이다. 똑같은 엔진이어도 어떻게 관리해주느냐에 따라 성능이 달라지는 자동차처럼 말이다.

행동을 불러오는 자극제 맞기

우리는 왜 도토리를 샀을까?

"우리 일촌이지?"

15년 전 싸이월드에서 제공하는 미니홈피는 대한민국 국민이라면 누구나 열광하는 SNS였다. 얼마 안 되는 용돈으로 도토리를 충전해 BGM을 사고 미니룸도 꾸미며 나만의 공간을 만들었다. 왜 그랬을까? 진짜 집도 아닌데 내 돈을 쓰고 나를 대변하듯 미니미를 꾸리고 스킨을 사서 예쁘게 꾸몄을까? 나의 주변 사람들이 보기 때문이다. 나의 일상을 업로드해 오늘의 기분과 상황을 방문하는 사람들에게 보여주기 위해서다.

나의 SNS도 15살부터 시작됐다. 나처럼 싸이월드로 SNS란 매체를 처음 접한 사람이 많을 것이다. 하지만 시간이 지나고 스마트폰의 보급이 보편화되면서 싸이월드는 점점 사람들에게 잊혀갔다. 점점 텍스트보단 이미지 중심으로 일상을 공유하는 형태로 SNS가 자리 잡기 시작했다. 대표적인 SNS인 페이스북과 인스타그램은 2030 세대에게 폭발적인 인기를 끌고 있다.

2020년, 인스타그램의 영향력은 대단하다. 카페, 식당, 옷, 여행지까지 모두 인스타그램에서 유명해져야 잘 팔리는 시대가 된 것이다. 현대 사람들은 무언가 찾고 있는 상품이 있으면 구글, 네이버와 같은 검색 엔진을 이용하는 것이 아니라 인스타그램과 유튜브를 통해 정보를 검색한다. 사람들이 열광하는 제품은 SNS에 모두 존재하기 때문이다.

SNS의 시대, 핑계 없는 무덤은 없다

한편 SNS는 현대인 각자의 살아가는 방식을 업로드하기도 하지만 타인의 인정을 받기 위해 포장된 수단이기도 하다. 인간은 대부분 명예욕과 타인에게 인정받고 싶어 하는 욕구가 있다. 그 인간의 욕구를 대변하는 대표적인 곳이 SNS다. 나는 이 인간의 감정을, 목표를 이루는 과정에 적용하는 방법을 추천하고 싶다. 먼저 내가 사용하고 있는 방법을 소개해보겠다.

모든 직장인의 마음속에 하나씩 있는 꿈. 건강한 삶이다. 하지만 현실은 쉽지 않다. 아침에 일어나 출근하기 바쁘고 퇴근 후에는 고된 하루에 운동을 하기 쉽지 않다. 또한 각종 약속이 생길 수도 있을 것이고 예상치 못한 야근에 계획된 운동을 하지 못할 때도 있을 것이다.

하지만 가장 중요한 것은 마음가짐이다. 내가 하고자 하는 마음만 확실히 있다면 야근 후에도 운동할 수 있고 아침에 1시간 일찍 일어나 운동하고 출근할 수도 있다. 현대인들의 대표적인 핑계 '시간이 없다'. 내가 경험해본 바로는 시간이 없다는 핑계는 자신이 계획했던 것들을 하지 못하는 이유를 만들기 위한 것에 불과하다. 나는 건강한 삶을 위해 내게 주어진 시간을 최대한 활용해 운동하고 싶었다.

나는 업로드를 위해 헬스한다

그러기 위해서 나는 SNS, 인스타그램의 계정을 만들었다. 주로 사용하는 계정 말고 하나의 계정을 더 만든 것이다. 오직 운동을 위한 계정 말이다. 업로드하는 게시물은 하루 2건. 아침에 헬스장으로 출근한 시간이 표시된 인증 사진 한 장과 퇴근 후 헬스장에서 운동하는 또 한 장의 사진. 그렇게 일주일 동안 꾸준하게 업로드를 했다. #아침운동 #직장인운동 #반드시한다 #운동이라는 해시태그와 함께.

그렇게 약 2주 동안 업로드를 이어가니 나와 같이 운동을 꾸준히 하는 팔로워, 나의 주기적 업로드에 자극을 받고 싶어 하는 팔로워들이 1~2명씩 늘어나기 시작했다. 이렇게 팔로워가 늘어나기 시작하면서 나의 운동에 응원하는 댓글도 조금씩 늘어나기 시작했다. 댓글과 팔로워가 늘어나면서 나의 책임감은 더욱 강해졌다. 나를 팔로워하는 사람들에게 실망감을 안겨주고 싶지 않았고 그들에게 긍정의 자극을 주고 싶었기 때문이다.

그렇게 한 달 동안 아침, 저녁 운동을 진행하다 보니 건강한 삶을 위한 나의 계획은 점점 짙어졌다. 자칫 피곤하고 특별한 사유가 있는 날에는 한 번쯤 운동을 빠질까 생각도 했지만 매일 해왔던 인증 덕분에 나는 단 10분이라도 헬스장에 가서 운동을 하고 인증을 남기려고 했다. 그러기 위해 집에서 5분 이내 헬스장을 다녔고 마음먹으면 언제든 10분이라도 운동할 수 있는 곳을 선택한 것이다.

습관을 만드는 알고리즘

요즘 인스타그램이나 유튜브 같은 경우, 알고리즘을 이용해 나의 관심사를 추천해준다. 요즘은 추천 콘텐츠가 놀라울 정도로 나의 관심사와 욕구를 정확히 파악한다. 내가 운동 관련 콘텐츠를 업로드하면 운동, 헬스 등에 관심 있는 유저들에게 나의 게시물을 추천해줘서 팔로워가 더 많이 늘어나게 되는 것이다. 똑같은 원리로 내가 운동이라는 해시태그를 이용하기 때문에 내 계정에도 운동이나 자극 등에 관련된 게시물을 추천해준다.

나와 같이 매일 아침 운동을 인증하는 계정을 추천해주면 나도 그 계정을 팔로우하면서 자극을 받을 수 있고 좋은 운동법이 있으면 벤치마킹하기도 한다. 나와 비슷한 계정을 팔로우함으로써 나도 긍정의 효과로 더욱 자극받게 되는 것이다.

나는 이러한 인스타그램 계정을 활용해 출근 전에 아침 운동을 하는 습관을 만들 수 있었다. 아침 운동 습관이 자리 잡고부터는 게시물을 업로드하지 않지만 대신 관심이 있는 재테크, 경제 등에 대해 다루는 계정들을 팔로우해 정보를 얻고 있다. SNS는 중독성, 폭력성 등의 부정적 영향도 있지만 자신에 맞게 잘 활용한다면 목표 달성에 막대한 영향을 미칠 수 있다.

사람은 타인의 인정을 받고 싶어 하는 욕구뿐만 아니라 타인에게 좋은 모습을 보여주고 싶은 욕망도 있기 때문에 이를 SNS란 매체를 통해 잘 이용한다면 분명히 자신이 성장하는 데 도움이 될 것이다. 만약에 타인에게 보여주고 싶지 않다면 비공개 계정을 통해 자신만 볼 수 있도록 설정할 수도 있다.

단순히 친구들의 일상을 보는 용도가 아닌 자신의 또 다른 다이어리가 될 수 있으며 일상 기록뿐만 아니라 자신의 목표 달성 과정을 남길 수 있는 유익한 매체도 될 수 있으니 적극 활용해 보길 추천한다.

서점에서 무작정 10만 원어치 책 사기

슬럼프의 늪에서 빠져나오지 못하게 되다

살면서 한 번쯤은 "인생을 살다 보면 반드시 3번의 기회가 찾아온다"라는 말을 들어본 적 있을 것이다. 나는 자신 있게 말할 수 있다. 인생을 바꿔줄 책이 당신의 인생에 찾아갈 것이라고.

엄청난 경쟁률을 뚫고 지금 회사의 합격 소식을 들었을 때 정말 행복했다. 지금까지 갚지 못한 부모님의 은혜에 보답하고 친구들에게 근사한 음식을 대접하면서 감사함을 전하겠다는 생각에 합격 당시 이 세상 모든 것을 가진 것과 같았다.

공채 합격 후 2달 동안의 직무 연수를 수료하고 실무에 투입하게 됐고 이제 한 회사의 조직원이라는 책임감을 갖고 직무에 적응하기 위해 현장에서 열심히 발로 뛰었다. 모르는 것이 있으면 선임들에게 묻고 내가 부족한 게 있다면 개선하기 위해 끊임없이 고민하고 또 고민해서 발전된 모습을 보기 위해 노력했다.

초반의 노력이 과했던 걸까. 실무 현장에서 열심히 뛰면서 업무에 임하고 집에 돌아오면 뭔가 모를 공허함이 느껴졌다. 나는 "단순히 몸이 피곤해서", "직무에 적응하는 과정이니까 힘든 걸 거야"라고 생각하고 출퇴근을 반복했다.

나의 퇴근 후 공허함은 계속되었고 이는 업무에도 이어져 가끔은 집중하지 못하는 모습을 보이기도 했다. 나는 돌파구를 찾고 싶었다. 문제점이 무엇인지 파악하고도 싶었다. 돌파구를 찾기 위해 나는 친구들과 만나 소주 한잔하면서 힘든 점을 이야기하고 위로를 받기도 했고 근교로 드라이브를 떠나 바람을 쐬면서 기분 전환을 해보기도 했다. 하지만 효과는 딱 3일이었다. 3일이 지나고 나면 다시 공허함에 빠지곤 했고 빠져나오지 못하는 슬럼프에 빠진 것처럼 돌파구를 찾기 힘들었다. 그렇게 나는 점점 더 지쳐갔다.

생각을 변화시키는 계기, 글

반복적인 일상을 보내고 있던 어느 날, 아침에 일어나 휴무일이라 무엇을 할지 고민하고 있었다. 나는 무엇에 이끌린 듯 서울행 고속버스를 예매하고 서울로 향했다.

아무 계획이 없었다. 그리고 강남터미널에 내려서 스마트폰을 꺼내 서울에서 가장 큰 서점을 검색했다. 사고 싶은 책이 있었던 것도 아니었고 약속이 있었던 것도 아니었다. 단순히 가장 큰 서점에 가서 책을 보고 싶었다. 그렇게 서점에 도착해서 카테고리에 상관없이 읽고 싶은 책 이것저것을 고르니 6권이었다. 다 합쳐서 가격은 약 10만 원 정도였다. 자기 계발 책도 있었고 재테크 책도 있었고 잡지도 한 권 골랐다.

그렇게 2시간가량 책을 읽고 책을 골라서 평소에 좋아하던 스타벅스에 가서 아이스커피 한 잔을 마시면서 책을 읽기 시작했다. 정말 아무것도 들리지 않을 만큼 집중해서 책을 읽고 나자 5시간이 지나 있었다.

정신을 차리고 보니 책 옆에는 빽빽하게 책의 내용이 적힌 다이어리가 있었다. 책을 읽으면서 마음에 들고 자극이 될 수 있는 내용을 다이어리에 적어둔 것이다. 다이어리에 적힌 내용을 두 번, 세 번 다시 읽고 나니 뭔가 모를 끓어오름이 느껴졌다. 그날 2권의 책을 읽었는데 한 권이 바로 박성진 저자의 《미친 실행력》이다. 나는 책을 읽으면서 망치로 머리를 맞은 것처럼 충격을 받았고 나태하게 생활하고 있는 나 자신을 돌아보게 됐다.

천만 영화감독을 만난 것처럼

나는《미친 실행력》에 대해 공부하기 시작했다. 다음 날 다시 한번 책을 읽었고 스스로 핵심 내용을 치밀하게 정리했다. 그리고 그 내용이 내 삶에 적용될 수 있도록 변환하는 과정을 거쳤다. 그렇게 나는 같은 책을 3번 읽었지만 궁금한 점이 더 많아졌다. 저자가 성공적으로 이룬 프랜차이즈 사업에 대해 음식점을 직접 찾아가서 성공 요인을 찾아보기도 했고 저자의 SNS를 팔로우해 더 많은 정보를 얻기도 했다. 하지만 나의 궁금증의 목마름은 해결되지 않았다.

나는 저자에게 SNS DM(Direct message)을 보내 저자의 책이 내 인생에 긍정의 영향을 미친 데 고마움을 표하고 혹시 시간이 되면 만나 뵙고 궁금한 점을 물어보고 싶다고 했다. 저자는 흔쾌히 이에 응해줬고 약속 시간을 잡아 커피숍에서 저자를 볼 수 있었다. 내가 궁금했던 내용에 대해 물어보고 이에 함께 이전에 유통업에 종사했던 현직자의 경험담을 들을 수 있었다. 위기를 극복한 사례, 도전했던 사례를 직접 들으니 정말 큰 도움이 됐다. 나는 모든 대화를 다이어리에 적었고 약 1시간의 이야기를 통해 보물과 같은 소중한 것을 얻을 수 있었다.

인생을 바꿔줄 책 한 권의 힘

내 직장 생활은 그 책을 읽고 난 전, 후로 나눌 수 있을 만큼 크게 달라졌다. 저자가 말해준 위기를 극복하는 경험, 자신감과 적극성을 갖고 회사 생활에 임했던 것 그 모든 것을 내 삶에 적용해보려고 노력했다. 그리고 저자가 강연을 통해 긍정의 에너지를 전파하는 것을 좋아했다는 것을 듣고 나도 강연을 시작했다. 대학생을 대상으로 취업, 직무 등에 대해 강연을 하기 시작했고 반응은 정말 좋았다. 이메일, SNS를 통해 면담을 요청하는 학생들도 있었고 직접 찾아와 인터뷰를 요청하는 학생들도 생기기 시작한 것이다. 나는 이 모든 것을 자진해서 진행했고 학생들에게 도움이 됐다는 자체가 정말 보람찼고 행복했다. 지금도 강연을 꾸준히 하고 있다.

나처럼 당신의 인생을 바꿔줄 책이 당신을 찾아갈 것이라고 확신한다. 내 책을 읽고 있는 지금 이 순간도 당신의 인생을 바꿔줄 기회가 온 것일지도 모른다. 만약 요즘 들어서 위기 또는 슬럼프라고 느껴지거나 모든 일에 의욕이 생기지 않는다면 서점으로 가길 바란다. 그리고 맘에 드는 책을 이것저것 골라 무작정 읽어보길 바란다. 그럼 당신이 생각지도 못한 경험담을 알게 되거나 깨닫지 못했던 것들을 책을 통해 직·간접적으로 접할 수 있을 것이다.

단순히 읽는 것에서 끝내지 말고 메모하고 그 내용을 바탕으로 고민해보자. 이 내용을 내 삶에 적용하기 위해서는 어떻게 해야 할지 말이다. 궁금한 게 있으면 이메일을 보내봐도 좋고 이 책을 읽은 다른 독자들에게 물어봐도 좋다.

기회는 예측하지 않고 찾아온다. 그리고 기회는 그 기회를 찾으려고 하는 사람에게 더 빨리, 더 직접적으로 찾아온다. 기회를 찾아서 잡아라. 기회를 찾는 방법 중 하나는 바로 책이다. 월급, 용돈을 통해 한 권이라도 책을 사서 읽고 느껴라. 느끼는 것에서 그치지 말고 내 삶에 적용까지 해보길 바란다. 당신의 삶도 분명 달라질 수 있다.

스티브 잡스한테 메일 보내봤어?

당신의 롤 모델은 누구인가요?

새벽 3시. 18살 고등학생이라면 잠자고 있을 시간이다. 하지만 나는 텔레비전 앞에서 말똥말똥 눈을 뜨고 무언가를 기다리고 있다. 바로 맨체스터 유나이티드 프리미어 경기. 맨체스터 유나이티드 팬이라서? 아니었다. 나는 박지성 선수의 선발 출전 소식을 듣고 그의 경기를 보기 위해 잠을 아껴가며 텔레비전 앞에 있는 것이다.

그 당시 많은 사람이 유럽의 빅 리그에 진출한 박지성의 경기를 보기 위해 뜬눈으로 밤을 보냈을 것이다. 나는 박지성의 팬이었다. 더 정확히 말해서 박지성은 나의 롤 모델이었다.

고등학교 1학년 164센티미터에 약한 몸을 가지고 있던 박지성은 왜소한 체격으로 인해 1년 동안 경기에 나가지 못했지만 본인이 원하는 대학팀 입단을 위해 묵묵히 연습했다. 하지만 그를 원하는 대학팀은 없었고 우여곡절 끝에 한 대학팀에 입단하게 됐다.

입단 후에도 포기하지 않고 기량 증대를 위해 피나는 노력을 통해 국가대표가 됐지만 언론에는 국가대표 제외 명단 1순위로 박지성을 뽑았다. 하지만 비난 여론에도 묵묵히 훈련에 임했고 마침내 2002년 월드컵에서 대한민국의 4강을 이끈 주역이 됐다.

이후 박지성은 월드컵 이후 PSV 아이트호벤으로 이적했지만 저조한 실력과 부상으로 많은 팬의 야유를 받게 된다. 역시나 그는 그때도 포기하지 않았고 경기 후에도 혼자 연습했다. 결국 팀을 전성기로 이끈 주역이 됐고 그를 눈여겨보던 맨유의 알렉스 퍼거슨 감독의 권유로 아시아인 최초로 맨유에 입단하게 된다.

평소에 축구에 관심이 많던 나는 박지성의 축구 인생 성공 스토리에 대해 잘 알고 있었고 끝까지 포기하지 않는 스포츠 정신에 큰 감동을 받았다. 박지성 선수의 플레이스타일은 'Unsung Hero(무명의 영웅)'로 유명하다. 눈에 많이 띄지는 않지만 묵묵히 자신의 역할을 다하는 살림꾼이라는 의미다.

맨유에서는 주로 조력자 역할을 자처했고 '3개의 폐'라는 별명을 얻을 정도로 뛰어난 강철 체력과 훌륭한 수비 기여도 그리고 모든 포지션의 소화가 가능했던 멀티플레이어 기질까지 있던 맨유의 1등 살림꾼이었다. 특히 "그의 유일한 단점은 바로 그가 세계 최고의 선수 중 하나라는 것을 모르는 것"이라고 퍼거슨 감독이 말할 정도로 겸손하기도 했다.

책상에서 쉬지 않고 달리는 산소탱크가 되기 위해

나는 이러한 박지성의 인성과 스포츠 정신을 본받고 싶어 롤 모델로 박지성을 선택했다. 롤 모델의 핵심은 모방이다. 나는 박지성의 인성과 포기하지 않는 정신 그리고 개인보다 팀을 위한 정신을 그대로 모방하고 싶었다. 그라운드에서 산소탱크라는 별명을 가지고 있을 만큼 최선을 다하는 모습을 닮고 싶었다.

수능을 준비하던 고등학생 입장이었던 나는 책상에 오래 앉아서 나만의 페이스를 유지하며 진득하게 공부하는 것이 중요했다.

스스로를 그라운드 위의 박지성이라고 생각하고 쉼 없이 뛰기 위해 박지성 사진을 책상에 붙여놓고 힘들 때면 자극을 받곤 했다. 그리고 모의고사 등을 통해 성적이 기대에 미치지 못할 때는 박지성의 꾸준함을 본받아 묵묵히 공부하기 위해 노력했다. 이렇듯 롤 모델은 내가 힘들거나 방향성을 잡지 못할 때 그 길을 정해주는 데 큰 도움이 된다. 특히 롤 모델을 모방하면서 더 나은 방향으로 자신의 삶을 이끌 수 있다.

힘껏 외쳐라, 당신의 목소리가 들릴 수 있게!

나는 당신에게 인생의 롤 모델을 선정해보는 걸 적극 추천한다. 만약 당신이 직장을 다니고 있다면 직장 내 선임도 좋고 당신이 요식업을 하고 있다면 백종원 대표와 같은 요식업계 트렌드를 이끄는 사람을 롤 모델로 삼아도 좋다. 롤 모델을 선정했다면 그 인물을 정확하게 분석해야 한다. 무엇이 그를 성공하게 만들었으며 위기를 어떻게 극복했는지, 꾸준히 성공을 이어갈 수 있는 비법은 무엇인지 파악해야 한다.

유튜브나 관련 책을 읽어봐도 좋다. 가장 좋은 방법은 그 사람을 직접 만나는 것이다. 하지만 롤 모델 대부분은 당신을 만나 줄 시간이 없을 것이다. 또한 만난다고 해도 시간이 부족해 물어보고 싶은 것들을 다 물어볼 수 없을 것이다. 나는 그래서 롤 모델에게 메일이나 DM을 보내는 것을 추천한다.

앞에 소개한 것과 같이 나는 《미친 실행력》의 박성진 저자를 직접 만나 궁금한 점을 물어보면서 큰 자극을 얻게 됐다. 이러한 계기가 나의 인생을 살아가는 방향성을 잡는 데 큰 도움이 됐다. 당신의 롤 모델이 너무 유명한 사람이라서 메일이나 DM을 못 볼 것 같아 보내기가 두려운가? 두려워하지 마라. 당신이 이메일이나 DM을 보냈다는 것 자체에 큰 의미가 있다. 이메일을 보내는 과정에서 당신의 생각을 정리하는 소중한 시간을 갖게 될 것이며 이러한 궁금증은 꼭 롤 모델이 아닌 다른 방법을 통해서도 해결할 수 있다. 나 같은 경우 고등학교 시절 롤 모델인 박지성에게 이메일을 보내진 못했다. 하지만 그에게 꼭 한마디 하고 싶은 것이 있어 상암월드컵경기장에서 열리는 국가대표 평가전 관람을 위해 서울로 갔다. 물론 박지성 선수는 선발이었고 훌륭한 경기력을 보여줬다. 나는 경기를 마치고 선수들이 버스에 오르기 전에 미리 가서 박지성 선수가 버스에 오르기만 기다렸다. 박지성 선수가 버스에 오르기 위해 경기장에서 나왔을 때 나는 큰 소리로 외쳤다.

"박지성 선수, 정말 감사합니다!"

이 외침이 박지성 선수에게 들렸을지는 모르겠다. 하지만 나는 진심이었다. 박지성 선수를 통해 올바르게 성장할 수 있었고 큰 자극을 받아왔다. 그래서 그 외침은 어떻게 보면 내 인생을 잘 이끌어준 박지성 선수에게 보내는 진심 어린 고마움이었다. 이러한 작은 실행 하나가 나에게는 또 다른 자극이 되었다.

당신에겐 롤 모델이 있는가? 없다면 롤 모델을 선정해보길 바란다. 그리고 그 롤 모델에게 나의 목소리가 닿을 수 있도록 외쳐보자. 이메일이든 DM이든 어떤 방법이든 그 외침은 당신의 인생에 큰 메아리로 돌아올 것이다.

12시간을 몰입하는 힘

왜 게임을 하면 시간 가는 줄 모를까?

시간 가는 줄 모르고 무엇에 빠져 몰입한 경험이 있는가? 흔히 자신이 좋아하는 운동이나 게임, 놀이와 같은 것을 하면서 몰입의 시간을 경험한 적이 있을 것이다. 어떤 행위에 깊이 몰입하여 시간의 흐름이나 공간의 이동 더 나아가 자기 자신조차 잊게 되는 심리적 상태를 '플로우(Flow)'라고 한다.

플로우를 느끼는 중에는 다른 것을 생각할 틈도 없이 오직 어떤 행위에 깊게 몰입해 온정신을 집중하게 된다. 몰입의 상태가 되면 뇌에서 도파민이 나오게 되는데 여기서 나오는 흥분이 우리가 느끼는 재미, 희열이다. 몰입 과정이 지속되면 삶의 질을 높일 뿐만 아니라 목표 달성의 지름길로 안내해주기도 한다.

몰입, 즉 플로우를 경험하려면 3가지 조건이 충족되어야 한다. 먼저 명확한 목표가 있어야 한다. 아무 의미 없이 TV나 영화를 보면 목표가 존재하지 않기 때문에 몰입이 적다. 야구를 봐도 응원하는 팀이 있어야 몰입과 흥미를 느끼고, 그냥 당구보다는 내기 당구에 더 집중하게 되고 몰입하게 된다.

다음으로 주어진 도전을 해결할 능력이 있어야 하고 도전과 자신의 능력이 균형을 이루어야 한다. 골프를 처음 시작했는데 프로와 경기를 하게 되면 몰입은커녕 의욕조차 나지 않는다. 실력이 비슷한 사람과 경기를 해야 재미가 생기고 승부욕이 생긴다. 마지막으로 분명한 규칙과 즉각적인 피드백이 있어야 한다. 축구 경기를 하는데 골을 넣어도 스코어가 바로 올라가지 않는다면 다음 골을 위해 노력하지 않을 것이다. 그리고 골을 넣어도 하나도 기쁘지 않을 것이다. 직장에 출근해 일하거나 운동이나 취미 생활 등을 할 때 플로우 상태로 진행된다면 하루 내내 의미 있고 즐거운 시간을 보낼 수 있을 것이다.

하지만 몰입을 헤치는 환경적인 요소가 사실상 늘 존재하기 때문에 모든 일상에서 플로우의 상태가 되기는 현실적으로 힘들다. 그래서 나는 12시간 몰입의 힘을 제안하고자 한다. 실제로 매주 주말에 하고 있으며 이 플로우의 힘을 이용하여 힘든 과제를 해내거나 스트레스를 해소하기도 한다. 그리고 취미 생활에 이를 적용해 질 높은 여가 생활을 이어가고 있다.

12시간, 그 이상의 가치

나는 토요일 아침 8시부터 저녁 8시까지 12시간은 깊이 몰입해 시간, 공간, 나 자신조차 잊어버리는 플로우의 상태를 유지하며 행복함을 느끼고 스트레스가 없는 평온한 심리적 안정을 유지하려고 한다.

평소 허리 디스크를 가지고 있기 때문에 코어 및 하체의 근육 강화가 필요했고 이를 위해 집에서나 헬스장에서 하체 운동을 진행하곤 했지만 의무감이라는 생각 때문인지 운동을 즐겁게 하지 못하고 흥미를 크게 느끼지도 못했다. 단순히 허리 근육 강화라는 목적으로 행하는 운동이었기 때문에 꾸준히 운동하지만 깊숙하게 몰입하지 못했다. 나는 평일에는 헬스장과 집에서 운동하며 시간을 보냈기 때문에 주말에는 하체를 강화시키는 재미를 느끼면서 몰입할 수 있는 무언가를 찾기 위해 노력했다.

그러던 중 등산이 하체 강화에 좋으며 건강에도 좋다는 사실을 알게 됐고 주말에 시간을 내서 집 근처 산 정상에 올라가기로 계획했다. 토요일 아침 일찍 일어나 오이와 생수, 김밥 한 줄을 챙겨 정상으로 향했다. 등산은 나이 드신 분들이 하는 운동이고 지루한 운동이란 나의 선입견은 바로 깨졌다. 산을 오르면서 하체 운동 효과뿐만 아니라 시원한 아침 공기를 마시면서 정상에 오르니 잡생각을 하지 않게 됐다.

평일에 받았던 스트레스를 해소하는 기분이었고 정상에 가까워질수록 몸은 힘들지만 주변 경치를 보면서 시간 가는 줄 모르고 산행을 지속했다. 발걸음에 집중해 정상에 오르기 위한 플로우의 상태를 경험하게 된 것이다. 정상에 도착해서 주변 경치를 보면서 챙겨온 도시락을 먹으니 그 희열과 상쾌한 기분은 말로 표현하지 못할 정도였다.

단순히 의무감에 하체 운동을 지속하던 내가 등산을 통해 나의 숨소리, 발걸음에 집중하게 되고 산 정상에서 몰입의 상태가 극대화되면서 도파민의 분비가 활성화된 것이다. 5시간의 산행이 그 다음 주에는 7시간이 되고 2주 뒤에는 10시간 그 이후에는 12시간의 산행으로 이어지게 됐다. 하체 근육이 튼튼해지는 걸 직접 느낄 수 있었고 등산이 스트레스 해소는 물론 리프레시할 수 있는 즐거운 경험이 된 것이다.

나는 여기서 느꼈다. 이건 의무적인 게 아니라 놀이라고. 나를 즐겁게 하는 게임이라고 생각하면 몰입으로 인한 도파민이 분비되는 환경이 조성된다는 것. 그렇게 나의 등산 놀이는 석달 동안 지속됐고 12시간 동안 정상을 3번이나 찍을 만큼 하체 근육은 단단해졌고 등산 기술도 습득할 수 있었다. 스스로 몰입의 환경을 만들고 토요일은 '몰입 데이'라고 지정할 만큼 내가 좋아하는 것에 깊숙하게 빠져드는 시간을 가진 것이다.

나의 집필 과정도 비슷하다. 처음에는 의무감 아닌 의무감이 들면서 책 쓰기가 숙제처럼 느껴지면서 부담감을 갖기도 했고, 스트레스를 받기도 했다. 하지만 책 쓰기 과정을 통해 나 자신을 정리하고 정의하는 소중한 시간이라고 생각했다.

그리고 독자들에게 긍정의 에너지를 전파하기 위해 끊임없이 고민하는 몰입의 과정이라고 생각했다. 특히 나의 책을 읽고 독자들의 인생에 조금이나마 도움이 되기 위해서는 완성도 높은 책을 집필해야겠다는 생각이 몰입의 농도를 짙게 했다. 지금 집필을 하는 이 순간도 나를 성장시키기 위한 몰입의 한 단계다. 그 일환으로 주말 12시간은 책 쓰기에 몰입할 수 있도록 공간과 분위기를 형성하며 어떤 행위에 깊숙히 몰입하는 플로우 상태를 느낄 수 있었다.

인생이 재미없고 반복되는 일상에 지겨움을 느낀다면 몰입의 환경을 반드시 조성해보길 바란다. 그 몰입의 목표가 자신이 해내야 하는 도전에 연관된다면 더 좋다. 몰입의 효율성을 이용해 한층 더 즐겁게 일을 해내는 것이다. 몰입을 통해 도전 자체를 즐길 수 있고 게임을 하는 것보다 더 즐거운 기분과 안정을 느끼게 될 것이다. 몰입의 통해 해낸 성과의 성취감은 온전히 집중했을 때 느끼므로 그 희열은 말할 수 없이 기쁠 것이다.

내 인생을 무엇으로 채울 것인가

대기업을 포기할 수 있었던 이유

"제가 원하는 삶을 찾으러 떠나겠습니다. 그동안 감사했습니다."

그가 떠난 곳. 그곳은 대한민국 유통업을 이끄는 누구나 알 법한 대기업이었다. 주변 사람들은 고개를 갸우뚱거리며 그 좋은 직장을 왜 그만두냐며 말리거나 이해하지 못하는 반응이 대부분이었다. 4년 동안 그 기업에 취직하기 위해 인턴, 자격증, 공모전 등을 준비하며 입사하는 꿈을 꾸며 달려왔지만 퇴사를 결정한 건 1년도 채 안 되는 시간이었다.

나의 고등학교 친구 이야기다. 그 친구에게 처음 회사를 그만

둔다는 말을 들었을 때는 당황스러웠지만 실제로 그 친구의 얼굴을 보자마자 내 생각은 바뀌었다. 그 친구의 표정에는 자신감과 여유가 넘쳤다. 그리고 그 친구는 나에게 한마디를 던졌다.

"나 지금보다 더 행복해지고 싶어. 지금이라도 내가 원하는 걸 해보려고 사실 겁나기도 하는데 기대되고 신나."

네이버 방문자 리뷰 약 2천 건, 예약을 위해선 최소 한 달을 기다려야 하는 게스트 하우스. 퇴사한 뒤 2년 만에 그 친구가 이룬 꿈이다. 대학 시절부터 사람들과 만나 이야기하는 것을 좋아하고 세계 각국을 돌아다니며 여행을 좋아하던 그는 결국 제주도로 가서 여행객을 맞이하는 게스트 하우스를 오픈했다.

내부 인테리어 설계부터 홍보 마케팅 그리고 게스트를 위한 요리학원 등록까지 모두 그 친구가 해낸 일들이다. 그 친구가 진정으로 원하는 것은 대기업 네임, 연봉, 회사 복지가 아니었다. 따뜻한 정을 나누고 사람들과 세상 사는 이야기를 하면서 소소한 행복을 제공하는 공간을 만드는 것이었다. 그의 선택은 그를 더 행복하게 했고 경제적 여유 또한 덤으로 찾아왔다.

생각보다 자신이 진정으로 원하는 것, 자신이 행복한 순간이 언제인지 모르는 사람들이 많다. 어쩌면 내가 진정으로 원하는 삶, 행복한 것을 선택하는 것이 아니라 남들에게 잘 보이기 위한 선택과 길을 걸어가고 있는지도 모른다. 마음에서 우러나오는 전율과 행복이 아닌 SNS에 행복해 보이는 사진만 골라 올리는 껍데기 행복 같은 것 말이다.

내 삶을 이끄는 3가지 필수 조건

우리의 인생이 100페이지로 된 한 권의 책이라고 생각해보자. 책의 순서와 중심 내용을 알려주는 목차에 따라 우리의 인생이 달라질 것이다. 만약 내 집 마련이 꿈인 30대 남성의 인생 목차가 설정됐다면 꿈의 실현을 위해 그에 필요한 과정과 단계를 밟으면서 의미 있는 시간을 보낼 것이다. 내 집 마련이라는 꿈의 돌파를 위해 세워진 목차처럼 인생의 목차를 구성하기 위해선 무엇이 선제되어야 할까?

첫 번째, 무엇이 당신을 즐겁고 행복하게 하는지 파악해야 한다. 직장인을 예를 들어 설명해보겠다. 만약 당신이 남보다 탁월한 업무 수행 능력으로 회사에서 인정받고 합당한 보상에 대해 보람을 느낀다면 당신은 회사 생활에서 행복과 즐거움을 느끼는 것이다. 반면 회사의 업무보단 정기적으로 받은 월급 일부분을 활용해 부동산, 주식, 투자 등에 집중하고 재미를 느낀다면 재테크에 행복과 즐거움을 느끼는 것이다.

이처럼 당신을 행복하게 만드는 무언가를 분명하게 파악해야 한다. 분명 1가지 이상 존재할 것이다. 그게 운동이든, 게임이든, 모임이든 상관없다. 무언가 초돌파하기 위해서는 자신이 하고 싶은 것에 집중해야 그 힘이 발휘된다. 여기서 질문이 있을 수 있다.

"어떠한 일이 하기 싫고 나와 맞지 않지만 그 문제를 해결해야만 할 땐 어떻게 해야 하나요?"

그럴 땐 자신만의 해결 방법을 그 문제에 대입해 실행하면 된다. 당신이 돌파해서 해결하고 싶은 이슈를 정하기 전에 무엇이 당신을 즐겁고 행복하게 하는지 정확히 파악해야 한다.

두 번째, 과거에서 벗어나라. 인생의 목차를 설정하기 위한 선제 조건은 자신이 진정으로 원하는 것이 무엇인지 확실하게 파악하는 것이다. 과거의 실수, 실패, 상처와 같은 장애물이 자신이 진정으로 원하는 것이 무엇인지 방해하는 경우가 있다.

내 지인의 사례다. 요리하는 것을 정말 좋아해서 한식, 양식, 중식 자격증 취득은 물론 호텔조리학과를 졸업한 그 청년은 대학생 때부터 음식점에서 일하면서 모은 돈을 갖고 서울에 작은 가게를 내면서 꿈을 이룬 듯 기뻐했다. 하지만 무슨 이유였는지 인건비와 월세를 감당하기 힘들 정도로 매출이 저조했고 결국 8천만 원의 손해를 보고 1년 만에 폐업하게 됐다.

그 청년의 음식 실력이 나쁘거나 서비스가 좋지 않은 건 아니었다. 그 청년은 사업 실패에 자신감을 잃어 결국 중소기업에 입사했고 지금까지 다니고 있다. 그 친구는 지금도 요리하는 것을 미친 듯이 좋아해서 다시 음식점을 하고 싶지만 또 실패할까 봐 두려워서 꿈을 다시 못 꾼다고 입버릇처럼 얘기한다.

그 청년은 요리하면서 행복을 느낀다. 하지만 한 번의 실패 경험이 다시 도전하는 것을 가로막고 있다. 자신이 진심으로 돌파하고 싶은 무언가가 있다면 과거에서 벗어나라. 실패한 과거를 철저히 분석하고 다시 돌파한다면, 당신의 인생 목차는 행복이란 키워드로 다시 채워질 것이다.

세 번째, 당신이 5년 뒤 어디에 있을지 상상해봐라. 인생의 큰 그림을 그리는 것은 상당히 중요하다. 미래의 방향성을 제시해줄 중요한 나침반 역할을 하며 단기적인 목표가 모여 장기적인 목표를 달성하는 데 디딤돌 역할을 하게 된다. 당신이 5년 뒤 어디서 무엇을 하고 있을지 상상해보고 그 상상대로 되고 싶다면 무엇에 집중하고 돌파해야 할지 진중한 고민을 하게 될 것이다.

어떠한가? 이제 당신이 진정으로 원하는 것이 무엇인지 파악해야 될 것 같지 않은가? 무언가 돌파하기 위해서는 나 자신부터 확실히 알아야 한다. 그래야 이기는 전략을 짤 수 있기 때문이다. 인생의 목차를 실패와 자괴감으로 가득 채울 것인가, 도전과 행복으로 가득 채울 것인가. 그건 당신의 몫이다.

합격률 쭉쭉 올리는 자기소개서 5가지 비법

팔아야 할 것은 상품이 아니라 콘셉트다

- 자신의 강점과 성격, 직업관 등을 충분히 내포한 콘셉트를 잡아야 하며 자신의 콘셉트가 기업의 비전과 역량에 적합하다는 것을 구체적으로 서술해야 한다.

- 기업의 가치를 더할 수 있는 적극적 동기를 나타내야 하며 오직 왜 이 기업이어야 하는지 확고한 이유와 구체적인 설명이 필요하다. 다른 지원자와 내가 차별화될 수 있는 콘셉트의 설정으로 나에 대해 남다른 관심을 갖게 만들어야 한다.

확실한 키워드 활용하기

• 성실, 책임감, 배려 등 사소하고 차별화 없는 키워드보다는 특별한 경험을 연계시켜 나를 기억할 수 있는 특별한 키워드 선정이 필요하다. 구체적인 사례를 간략하게 설명하면서 자연스럽게 키워드를 이끌어내야 한다.

• 자신의 강점과 직무를 연관시켜 키워드를 설정하는 것이 좋고 이 키워드를 활용해 입사 후 담당하게 될 분야에 대한 높은 이해도와 관심을 갖고 있다는 것을 어필해야 한다.

호기심을 자극하는 헤드라인 쓰기

• 헤드라인만 잘 작성해도 지원자에 대한 이미지가 달라질 수 있다. 과대하게 포장되는 표현은 피하고 회사에 대한 애정과 자신의 경험 등을 짧고 굵게 명시해야 한다.

• 자신이 지원하는 회사의 주력 사업이나 비전 등의 내용과 연계한 소제목 구성도 좋고 기업이 요구하는 핵심 역량에 적합하도록 지원 포부와 역량에 대한 구체적인 언급도 적절하다.

단락의 마지막 줄은 정리하면서 임팩트 주기

- 미끄럼틀을 타고 내려오듯 매끄럽게 글이 읽혀야 하며 두괄식으로 결론 및 중심 내용을 첫머리에 제시하는 것이 좋다. 불필요한 수식어는 삭제하고 문장이 간결해 읽기 편해야 한다.

- 단락의 마지막 줄은 전체적인 정리와 함께 임팩트 있는 한마디가 반드시 들어가야 한다. 단순히 자신의 경험담을 얘기하는 것에서 끝나는 것이 아닌 경험을 통한 느낀 점이나 자신의 문제해결 능력에 대한 강조가 들어가면 좋다.

반드시 피드백 받기

- 자기소개서는 자신의 경험, 성격 등에 대해 직접 작성하기 때문에 자칫하면 과장되거나 이해가 쉽지 않게 작성될 수 있다. 자신이 읽었을 때와 제3자가 읽었을 때 분명히 글의 흐름, 중심 내용 등이 다를 수 있다. 그러므로 동료, 선배 등으로부터 피드백을 받아 첨삭, 수정하는 과정이 반드시 필요하다.

- 실무자에게 현재 기업이 추구하고 있는 인재상, 직무 트렌드 등에 대한 조언을 받아 자기소개서에 녹이는 것이 도움이 되며 취업 카페 등에서 제공되는 가이드북을 참고해서 자기소개서를 작성하는 것도 유익하다. 특히 완성도 높은 자기소개서를 작성하기 위해서는 총 3번의 수정, 피드백 과정을 거치는 것이 좋다.

에필로그

그대로 머물 것인가, 앞으로 나아갈 것인가?

아름다운 백조의 숨겨진 모습

인간은 변화를 꿈꾼다. 삶이 더 행복해지기를, 경제적으로 여유가 생기기를 아울러 어제보다 성장한 모습으로 변화되기를 꿈꾼다.

꿈이란 것은 용량도, 제한도 없다. 내가 생각하고 바라면 그것이 꿈이 되고 다짐이 된다. 그래서 모든 사람은 저마다의 꿈을 가지고 있다. 꿈을 꾸는 것은 자유이며 누구의 간섭도 받지 않기 때문이다. 확고한 꿈이 있는 사람은 활력과 에너지를 가지고 있으며 꿈을 이뤘을 때 자신의 모습을 상상하는 습관을 가지고 있다.

더 나아가 상상을 현실로 만들기 위해 실행을 지속하며 실패를 반복한다. 그리고 꾸준히 달려간다. 자신만의 페이스로.

꿈을 건드리지 않고 가만히 두기만 하면 그것은 단순한 기대에 불과하다. 자신만의 페이스로 꾸준히 달려나간다는 건 자신의 목표를 인식하고 실행해야 할 의지력을 꾸준히 건드리는 것이다. 과학적으로 뇌는 한번 시작하면 그 행동을 지속하게 하려는 성질을 가지고 있다. 그래서 첫 시작이 어려운 거지 막상 무언가를 시작하고 나면 일정 시간 이상은 그 행동에 몰두하게 되는 것이다. 성공한 사람들을 보면 백조와 모습이 비슷하다.

백조는 물 위에서 보면 아름답고 우아한 자태를 뽐내고 있지만 물 아래에서는 쉼 없이 다리를 움직이고 있다. 한 분야에서 성공을 이룬 사람들을 자세히 관찰하기 전에는 그들은 유명해져서 삶의 여유가 있어 보인다. 그저 아무것도 하지 않는 것처럼 말이다. 하지만 그들은 끊임없는 나아가기 위해 보이지 않는 곳에서 노력과 땀을 아끼지 않는다. 마치 백조처럼.

생각하는 대로 살지 않으면 사는 대로 생각하게 된다

인생은 생각하고 행동하는 대로 바뀐다. 자신이 처한 현재의 모습과 상황에 만족하고 아무 생각 없이 행동하지 않는다면 항상 같은 곳에 머물게 된다. 흐르지 않는 곳에 계속 머물러 있으면 물이 썩는 것처럼 그대로 머물러 있는 인생은 도태되기 마련이다. 현재를 만족하며 머무르는 것을 비판하는 것이 아니다.

하지만 어제보다 나은 환경과 정체성을 갖기 위해 점진적으로 나아간다면 성공 습관들과 긍정의 변화들이 모여 매력적인 미래가 다가올 것이다.

매력적인 미래는 더 행복한 경험을 할 수 있는 환경을 만들어

주거나 우리가 얻고자 하는 무언가를 빠르고 쉽게 얻을 수 있게 해줄 것이다. "생각하는 대로 살지 않으면 사는 대로 생각하게 된다"라는 유명한 말이 있다. 인생을 주도적으로 그리고 행복하게 살아가기 위해서는 무엇보다 나답게 살아야 한다.

누군가의 인정, 기대에 맞춰진 삶이 아닌 나의 행동과 결정으로 내 삶을 바꿔나갈 줄 알아야 한다. 스스로 앞으로 가야 하는 방향을 직접 정하며 그 선택에 대한 확고한 믿음을 가지고 있어야 한다. 그 믿음은 즉각 행동으로 옮길 수 있는 확신을 제공하고 실행력과 내공이 쌓이면서 성공 습관으로 이어지게 된다.

바로 지금, 당신의 인생을 바꿀 기회란 걸 잊지 말자

지금까지 당신의 인생은 어떠했나? 학교에서 정해준 시험 범위에 맞춰 시험을 보거나 선배들이 시키는 대로 업무를 하거나 남들에게 인정받기 위해 자신의 신념을 깨면서 인생을 살아 오지는 않았는가? 이러한 삶을 비난하고 싶지는 않다.

하지만 남들이 정해준 기준에 맞춰 같은 길을 가거나 타인이 정해준 선택 때문에 자신을 점점 잃고 있지는 않은가 생각해볼 필요는 있다. 앞으로 나아가고는 있지만 누군가의 손에 떠밀려 억지로 나아가고 있는 건 아닌지 미래의 행복을 위해 지금 나의 선택과 행복들이 무시되고 있지 않은지 진지하게 생각해볼 시간을 가져야 한다.

나는 이 책을 통해 지금 당장 변화가 필요한 사람들을 위해 직접 겪으면서 느끼고 배운 것들을 아끼지 않고 소개하려고 노력했다. 만약 이 책을 읽으면서 당장 첫발을 내딛기 위한 소소한 계획이나 목표를 세웠다면 이를 누구와도 비교할 필요도 경쟁할 이유도 없다는 것을 알았으면 한다. 가장 중요한 것은 일단 시작했으면 멈추지 말고 나아가는 것이다.

> "중대한 변화의 순간이 올 때까지 작은 변화들은 별다른 차이를 만들어내지 못하는 듯 보인다. 과정들이 쌓여 강력한 결과가 나타나기 전까지는 시간이 걸린다. 인내심을 지켜라. 원자가 모여서 분자 구조를 만들어내듯 아주 작은 습관도 모여 놀라운 결과를 이뤄낸다."

미국의 자기 계발 전문가인 제임스 클리어의 《아주 작은 습관의 힘》이란 책에 나와 있는 구절이다. 당장 눈에 보이는 변화가 없더라도 자신의 신념을 믿고 끝까지 걸어가자. 이제는 뉴노멀을 넘어 뉴 애브노멀(New Abnormal : 시장의 변동성이 지속적으로 일어나 불확실성이 커진 상황)로 접어들고 있다. 앞으로 비정상적인 변수가 계속 발생할 것이고 세계는 변칙적으로 변화할 것이다.

이러한 미래에 올라타기 위해서는 신생존법, 남다른 문제해결 능력과 초돌파력이 강력한 무기가 될 것이다. 지금 이 순간이 인생을 멋지게 바꿀 절호의 기회가 되길 간절히 바라본다. 나도 앞으로 나아갈 것이다. 같이 미래에 올라탈 준비가 되었는가?

북큐레이션 • 원하는 곳에서 자신의 가치를 높이고, 가슴 뛰는 삶을 살고 싶은 이들을 위한 책

《인생이 달라지는 新생존법》과 함께 읽으면 좋은 책. 나만의 문제해결력으로 한계를 뛰어넘고 싶은 당신을 언제나 응원합니다.

넥스트 리딩

이권복 지음 | 14,000원

제대로 읽는 자가 살아남는 세상이다
나만의 생산수단을 만들어 삶을 바꾸는 22가지 방법

《넥스트 리딩》은 읽고 끝나는 독서가 아닌 책 속의 내용을 현실에 반영하고 온전히 나만의 것으로 만드는 독서법을 담고 있다. 세상은 더 이상 우리에게 직업을 묻지 않는다. 무엇을 할 수 있는지, 어떤 메시지를 갖고 있는지 등 콘텐츠에 대해 묻기 시작했다. 결국 차별화된 콘텐츠를 만들어야 살아남는 세상이 됐다. 지금까지와는 다른 현실적인 신개념 독서법 '넥스트 리딩'은 내가 읽은 모든 것들을 나만의 콘텐츠로 만드는 방법을 제시해 내 삶에 직접적인 변화를 가져다줄 것이다. 이제는 소비만 하는 독서가 아닌 생산하는 독서를 하라!

인맥이 그렇게 중요해?

공준식 지음 | 14,000원

밀레니얼 세대에게 꼭 필요한 사회적 자본, 인맥!
사회 초년생들을 위한 인간관계 노하우 대공개!

사람이 곧 재산이라 여기는 '인테크(人tech)'로 '사람부자'를 만들어주는 소통 중심의 강연기획단 몽쉘's(꿈을 공유하는 사람들)의 공준식 대표가 말하는 인간관계 노하우. 이 책은 하고 싶은 일은 많은데 시작하기 어려운 사람, 사람들에게 다가가지 못하는 사람, 만남 자체가 두려운 사람, 자존감이 낮은 사람, 사람들 앞에서 도대체 무슨 말을 해야 할지 모르는 사람, 혼자에 익숙한 사람, 적이 많은 사람, 삶에 동기부여가 필요한 사람, 인테크로 성공하고 싶은 밀레니얼 세대들에게 살아가는 데 필요한 인맥의 기술을 제공해줄 것이다.